U0491262

一位林风眠研究者的笔记

徐宗帅——著

浙江古籍出版社

序

徐宗帅先生是一位致力于林风眠艺术研究的民间学者，足迹遍及世界各地，被业界誉为国内“掌握林风眠资料第一人”，可谓造诣精深、建树卓著。

众所周知，林风眠是我国第一所高等艺术学府——国立艺术院（中国美术学院前身）首任院长，主张“兼容并包、学术自由”的教育思想，不拘一格广纳人才。他的艺术一生，试图努力打破中西艺术界限，造就一种共通的艺术语言，他“介绍西洋艺术，整理中国艺术，调和中西艺术，创造时代艺术”，是一位富于创新意识的艺术大师，对现代主义艺术产生过极为深远的影响。就如刚离开我们的美术史学者水天中先生所说：“林风眠是20世纪中国绘画史上少有的几个坚守个性，敢于放笔歌哭人生的画家中的一个。”

徐宗帅先生对林风眠生平事迹的考察和深描不遗余力、近乎痴迷——梅州、巴黎、杭州、北京、上海、东京、台北、香港……足迹遍布全球，几近覆盖了林风眠生活、创作的所有场所；通过悉心联络与之交集的亲友、学生等相关历史见证者，调研公私藏品，梳理海内外文献，不仅积累了大量珍贵的第一手资料，更与诸多学人、林氏后人建立了深情厚谊。撰写了数十篇有关林风眠论文，发表在《文汇报》《南方日报》《澎湃新闻》和《梅州日报》等媒体上。他的近200万字巨著《林风眠年谱长编》（与人合作）正是其自嘲为“上天入地”之研究经历的璀璨结晶，内中深蕴着他的毅力与热忱、才华与智慧。

与徐宗帅先生学术成就同为业界所敬佩的是，他严谨、谦抑的性格和慷慨、无私的胸怀。早些年，徐先生曾透露将个人藏品捐赠给公共机构的愿望，化私为公。随着岁月的流逝，年岁渐高，经慎重考虑，他最终决定把多年珍藏的林风眠作品无偿捐赠给浙江美术馆，并对浙美学术品位和收藏条件表示赞赏。他曾经提到，开馆之初，吴冠中先生向浙江美术馆捐赠了他的作品与师友藏品，作为吴冠中的老师，馆藏林风眠作品尚为空白，徐宗帅亦深知捐赠自藏林风眠画作对完善浙江美术馆的典藏谱系、推动文化建设意义重大。

徐宗帅先生捐赠的 6 件林风眠彩墨画作题材涉及山水、仕女、花卉、静物等，均系林氏绘画典型选题，不仅中西融合的艺术特色醇厚，尺幅亦方阔，如流入市场价值当是不菲。尤其《睡莲》一作借鉴了莫奈的睡莲笔意，以墨代色，营造出深沉而略带悲凉的气息；花叶、月光、芦叶、莲塘构成了神秘的诗意影调，静谧中隐藏着动势，画面透露的东方哲思引人遐想。徐先生夫妇特将此画挂在卧室床头，如宝石山的晚霞、葛岭山脊的晨露，朝夕相伴。《静物》更是勾连中西，把塞尚到莫迪利亚尼等巴黎盛宴的余韵，放进了东方某个城市暗淡角落的餐桌上，东西审美在交融、消化后再显触电般火花四射的光芒。20 世纪二三十年代一群中国现代主义艺术家的努力，仿佛就林风眠如他自己画面常出现的夜莺和芦雁般孤寂，且以一己之力修得正果。那种属于 20 世纪的孤寂、冷艳、温和、悲凉、旷达，仿佛是每一个经历时代跌宕的世纪老人的感慨与无奈，而林风眠以艺术的方式透过时代雾霭告诉未来。由此可见捐赠虽数量不大，但凝结着捐赠者的心血和艺术品鉴眼光。

为更好地弘扬徐宗帅先生的捐赠义举，深化林风眠艺术品的历史价值与传承意义，浙江美术馆与浙江古籍出版社联手，结集出版了徐先生撰写的林风眠研究论文。正如他表示“林风眠艺术不仅是他毕生的事业焦点，更是他精神世界的寄托”。我们在守护与传播有形的艺术品、文献的同时，也在推动这份对中华文化艺术瑰宝的挚爱能够薪火相传，发扬光大，此举必定极大激发公众参与美术馆建设的积极性，引起广泛的社会关注和积极反响。此外，浙江美术馆将深入做好以林风眠、吴冠中等为代表的中国近现代美术课题研究，以期成为重要的学术中心。

浙江美术馆馆长 应金飞

2024 年 4 月 11 日

目录

辑一

林间徐行

林风眠的留学生涯

留学是林风眠人生中非常关键的一段经历，由于种种原因，关于林风眠的年谱和传记中的相关记载还比较模糊。艺术生涯的初期脉络不明，追本溯源自然困难，所以以林风眠留学为主线，顺藤摸瓜，作进一步的探讨，尤显必要。

为此，笔者数次前往欧洲实地踏访，参阅档案史料与倾听口述佐证，林风眠的留学经历终于呈现出一个比较清晰的轮廓。还得感谢李金发，他留下的文字，仍是十分重要。以往都视李金发与林风眠有私人恩怨，李记录中负面色彩较浓，研究者取舍两难，甚至褒林贬李，未能从中读出真实、客观与中肯。更何况孤立地阅读，不是设身处地深入历史的环境之中，寻找有力的旁证和参照可靠的注脚，很难走出混沌。

林风眠 1900 年出生于广东梅州梅县，高中就读于梅州中学，可以说少年时期是受过比较完整的中国文化教育的，也具备扎实的中文根底，这一点相比同时代的大画家都不会逊色。他的早期绘画、墨迹、篆刻、信札与诗文，都说明了这一点。这个基础也是日后中西调和艺术摸索成功必不可少的核心内因。梅县是侨乡，下南洋讨生活，历来是客家人习以为常的选择；梅州中学当时有不少教师都曾留学日本，也拉近了学生们与世界的距离。所以虽然林风眠身在山区，但是并不过分闭塞。乡村出现的中西合璧的建筑，亲戚从南洋带回来的一些印有外文插图的舶来品，其色彩丰富、形象逼真的画风，让从小临摹《芥子园画谱》的林风眠也直观地看到了另一种完全不同的艺术表现形式。虽谈不上是系统的西方文化启蒙，但确实是催生了他对海外的憧憬。大时代的裹挟，让一位农家子弟走出了山村，林风眠的个人遭遇不能不说也在推波助澜。

根据李金发的回忆，“到我们知道时已去了五批，约四五百人，多是来

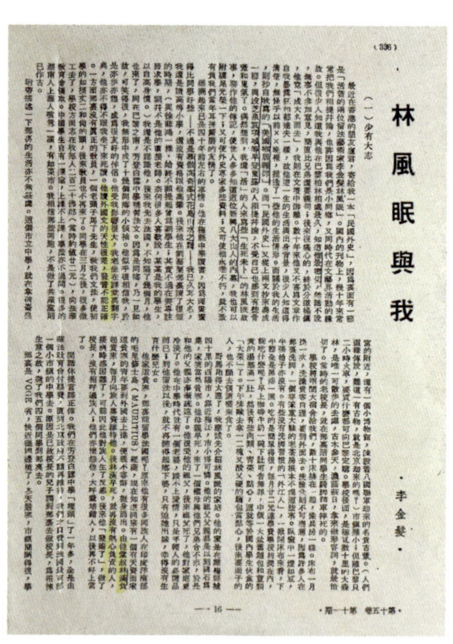
（336）

林風眠與我

·李金髮·

（一）少有大志

▲李金发《林风眠与我》，载于 1956 年 9 月 10 日香港《祖国》杂志第 15 卷第 11 期

自三山五岳的失学之辈，不问老幼、学问程度，只要筹得出 300 元大洋便可成行”[1]。

林风眠赴法属于自费留学，跨出国门必须自筹资金 300 元。这个门槛在当时并不低，就林风眠的家境而言，这是个天文数字。儿时的彩票中奖无疑是天上掉下馅饼，成了走向世界的敲门砖，林风眠的传奇人生也从此开始。出国之后，法华教育会有点补贴，非常有限，除此之外就是勤工俭学，还有毛里求斯族亲的资助（据说初期由旅居那里的族叔林汉先生牵头集资）。如果李金发是第六批的话，林风眠可能就是第七批了。

林风眠离开梅县抵达上海之后与赴法之前，“他在刘海粟那里读了很短的时期”这种可能性是存在的，当时刘海粟办的上海美术专科学校（以下简称“上海美专”）可以补习素描之类的西洋画法，也符合赴法勤工俭学的现实要求，为林风眠的履历补上了空白的一笔。而无名氏[2]透露的信息，印证了李金发的讲法，使其更加完整可信。当时的情况是：中国学生留学法国，要入巴黎国立高等美术学院，还须有一定学历资格。刘海粟办的上海美专有一特点，交三年的学费，即便从不上课，也可得到毕业证书。林风眠亲口对无名氏讲：“反正我从来未上过课，只拿个证书，即使公开了，也无所谓。”

正如李金发所言：“我与他在巴黎柏林相处最久，知道他最密切，无话不说，无事不参加意见，简直比兄弟还要亲切。”相对李金发的快言快语，林风眠惜字如金，三缄其口，他的经历，除了作品，其余的绝大部分好像只得由别人来书写。“数十年来他又不喜写文章作自我暴露狂如郁达夫一样，故他这

[1] 李金发《浮生总记》，见李金发著、陈厚诚编《李金发回忆录》，东方出版中心 1998 年版，第 41 页。

[2] 无名氏（1917—2002），本名卜宁、卜宝南，又名卜乃夫，江苏扬州人。当代小说家，著有《北极风情画》等。

一生的生活与出身背景，很少人知道得清楚，无怪乎以前 ×× 晚报，捏造了一些他的生活情形。”[1] 事实的确如此，这也给研究者增加了澄清与纠正的难度。而李金发几乎是林风眠留学全程的同行者、亲历者与知情人，他留下的关于林风眠留学的文字无疑成了历史遗珠，粒粒皆应微察细品。

林风眠的留学时间，从 1919 年 12 月 25 日在上海杨树浦黄浦码头搭乘二万五千吨法国邮轮奥德雷纳蓬号（Andre le Bon）赴法，同窗好友林文铮与之结伴同行，1920 年 1 月 28 日抵达马赛港，直至 1926 年 1 月 2 日由马赛港搭乘爱纳克号轮回国，2 月 6 日抵达上海，历时六年有余。

这六年中，林风眠除在枫丹白露中学和布鲁耶尔市立中学作短期的法文补习和西洋素描练习，便入学第戎国立高等艺术学院，之后问学巴黎国立高等美术学院柯罗蒙画室，其间又游学德国。学业、创作、结社与参展之外，还经历了恋爱失恋，二度婚姻，难怪有人对其有何时间学画提出质疑。但事实恰恰相反，正是这跌宕起伏而又轰轰烈烈的六年，成就了林风眠，奠定了“为艺术战”的基石。

留学六年大致可分为四个阶段：

第一阶段，1920 年 1 月至 1921 年春，在枫丹白露中学与布鲁耶尔市立中学补习法文。

第二阶段，1921 年春至 1922 年底，在第戎国立高等艺术学院与巴黎国立高等美术学院绘画专业学习。

第三阶段，1923 年初至同年年底，游学德国柏林并创作了大量作品。

第四阶段，1924 年至 1925 年，创办社团，参加展览，崭露头角。

---

[1] 李金发《林风眠与我》，香港《祖国》杂志第 15 卷第 11 期，1956 年 9 月 10 日，第 336 页。

据李树化的女儿李丹妮讲："林风眠家里贫寒，有时连三餐都难于保证，父亲常常把林风眠带到家里吃饭。"对于林风眠来说，出国不但是个人的精神解放，而且温饱得到了解决。一战之后，欧洲也面临贫困，但与国内相比，生存条件还是不可同日而语。正如李金发描写的："早上咖啡牛奶一碗下肚可告无罪，中饭一大盆旧面包和豆类煮的汤塞满一肚，然后有些肉类、青菜、点心，这就等于国内学生伙食的'大菜'了。"[1] 对于穷孩子林风眠来说，青春加上能量，可以死去活来地去爱，为失恋也可以"伏案痛哭"，甚至"爱无所托"，声言要自杀。宣泄了，再也不会压抑而扭曲了人性，身心得到了解放。这是非常重要的一点，但在林风眠的研究中反而被忽略。

在林风眠眼中，一切都在变。开放、崭新的生活方式，从跳舞到拉手（握

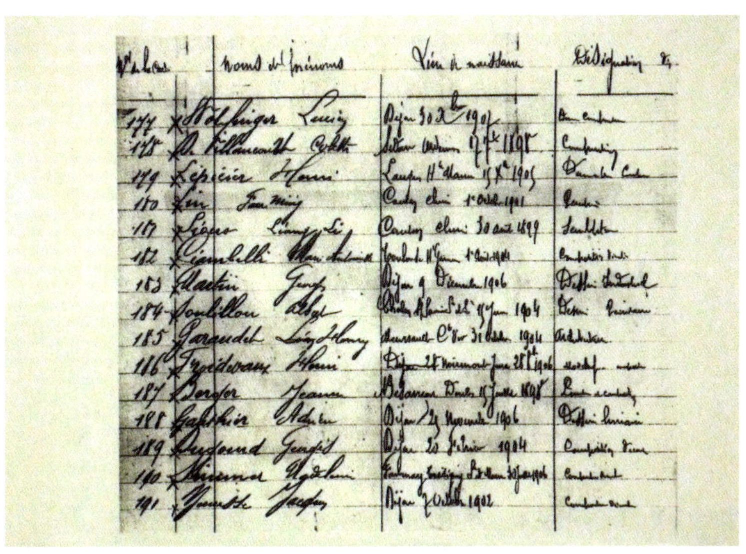

▲ 林风眠在第戎国立高等艺术学院的注册表

[1] 李金发《林风眠与我》，第 336 页。

▲1920年枫丹白露中学法文补习班成员合影（第二排右三为林风眠）

▲法国第戎国立高等艺术学院旧址（现为第戎市立博物馆）

手），娱乐、礼仪、饮食，都有了颠覆性的变化。“在我们的水准看来，饮食已是上乘，天天有肉，如不够营养是会给法国学生家长攻击的。”从饥饿到营养，这是一个多大的跨度。这种生活中的天翻地覆，是最为日常的功课，却每天都在悄悄进行中感化他的人生。厨房的干净，用具的整洁，带来的也不只是悦目与舒心，而且是现代文明的诸多启迪。

法华教育会提供的补贴有限，并且也难以为继，因此不断介绍留学生去工厂做杂工。由于不是技术工，积不了钱，干的又是笨重的体力活，他们每天拖着疲惫的身子回到寓所，哪有精神去读书。像林风眠这样能得到宗亲接济，坚持学下去的寥若晨星，所以他又是极其幸运的。

关于赴法留学，林风眠 1971 年 12 月 8 日在上海看守所所写的自述中有这么几句:“一九一九年秋来上海，由当时上海的华法教育会介绍，到法国去勤工俭学；一九二〇年初，到达法国，曾做过油漆工，后来由在南洋的族人资助进入巴黎国立最高美术学院，学习油画。”

初到法国，学习语言是头等大事。李金发说，“林风眠比我更糟，什么也答不出，经人一问，便是满面通红，格格作笑了事”[1]。林风眠也曾对身边亲近的人多次说过:“那时法文字典都翻烂了，但就是学不好。”在巴黎采访时，曾听有人说自己读过林风眠的法文信，认为写得很好。是口语与书写的差别，还是其他原因?后来终于真相大白，原来“写得很好”的信，是李丹妮 20 世纪 70 年代末为林风眠联系赛努奇博物馆举办画展时的代笔。上帝给林风眠关上了语言天赋的窗户，却为他打开了一扇通向绘画艺术的大门。

林风眠比李金发仅只迟几月（1920 年 4 月）抵达枫丹白露中学，留下一帧集体合影，可能是林风眠踏上法国最早的照片。林风眠前发掩额颔首凝目的忧郁形象比较突出，一眼即可找到，但是“彼此颇情投意合，自枫丹白露

[1] 李金发《林风眠与我》，第 337 页。

中学起，即无时不在一起，我们无话不谈”的李金发，还有同船赴法的林文铮在哪?一时还是无法认定。

如果说第一年还是初识法国，补习法文适应法国，同时酝酿从事美术决心的话，那么到了第戎国立高等艺术学院与巴黎国立高等美术学院，林风眠算是跨入了美术专业的门槛。

2009年笔者曾前往法国参观林风眠就读的第戎国立高等艺术学院。建筑外墙形象，与90年前几乎一模一样，端庄大气，至今不失旧时的恢宏。现在大楼的第三层还是博物馆，陈列着当地艺术发展历史的展览，从中还可以依稀看出一些画家对林风眠的影响。富有意味的是最后一幅严培明的巨幅油画自画像。如果要作比较，林风眠与严培明的留学经历有着惊人的相似：相同的年龄、相同的学校、相同的待遇（都是自费）、相同的婚姻（都娶了法国人）与相同的功成名就，所不同的是相隔了60年，一是海归，一是移民。林风眠与严培明都成了第戎国立高等艺术学院不同时期的出色留学生代表。

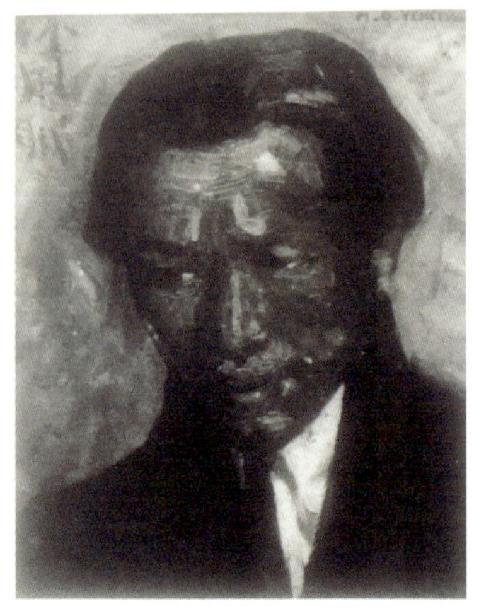

▲1921年，第戎国立高等艺术学院院长夫人为林风眠所画的肖像

▲林风眠《牧神》

当时的学校就设在博物馆的三楼，占了整个楼层，虽是旧房移用，但绝对还是一流的建筑，不但抗寒挡风不在话下，而且也不失典雅。只是“学校是在市博物馆的最高一层，设备简陋，没有经常的教授及模特儿，使人好好的学习。可说是一所工场，其腐败的样子，比中国美术学校还坏”[1]。不管如何，这里还是留下了不少林风眠的青春印记与浪漫故事。

“最可纪念的，那时我们提倡改换有俗气的名字，林凤鸣的改成风眠，文铮改为闻筝，纪标的改成既漂，树华的改成树化，法武的改成法无，当然我的名字也是改过来的，成为中国前无古人后无来者的人名。”[2]年轻人的一时冲动，竟然都一锤定音，林风眠、李金发与李树化的名字都沿用终生，并且都成了 20 世纪中国艺术界的代表人物，分别在现代绘画、诗歌与音乐领域赫赫有名。

更有趣的是，“林风眠醉心法国艺人的风度，他亦开始留长发打大领结，以示与人有别”[3]。李金发十分配合，还成了林风眠的御用理发师。那时杨西斯校长夫人为林风眠画的肖像，左上角就已有“林风眠”的中文大名，或许这是最早启用“风眠”的痕迹。留的长发，发型可能就是出自李金发的设计与手艺。这幅肖像，至少将林风眠画老了一倍，但神情把握十分到位，是难得的林风眠肖像佳作。

李金发对林风眠的嘲讽并无恶意，而赞誉每每落在点上，十分准确。“他是有女性化的性格，不善应付事情，不善辞令，有大小事都喜欢使人偏劳，

---

[1] 李金发《林风眠与我》，第 337 页。

[2] 李金发《林风眠与我》，第 338 页。

[3] 李金发《林风眠与我》，第 338 页。

所以愈不经事，愈无机会说法文，所以终其身亦学不好。”[1]后面的几句话，不长，但包含的信息与真情，却令人刮目相看：“那时林风眠常常挟着粉笔画盒子到郊外去写风景，着色颇有两手，校长及同学都甚为赞赏。”“林风眠的人体速写，信手拈来皆成妙谛，比我高明得多。”“只是到大博物馆去溜跶溜跶，自己摸索研究。”[2]林风眠自谓的“有色之徒”，名副其实，由来已久，这除了法兰西的艺术熏陶之外，不得不归咎为一种天赋。校长的鼓励、关心与点拨也是环环相扣，无形之中，李金发为林风眠的有限的自述作了最为贴切的注释。杨西斯在林风眠踏入西方艺术大门的关键时刻，发出了让林风眠回眸东方的醒世恒言：“你是一个中国人，你可知道中国的艺术有多么宝贵的、优秀的传统啊！你怎么不去好好学习呢？去吧！走出学院的大门，到东方博物馆、陶瓷博物馆去，到那富饶的宝藏中去挖掘吧！”

林风眠与李金发1921年春末到第戎国立高等艺术学院，同年秋天就离开了，只有短短半年，但遇上杨西斯这位洋伯乐，可谓是最大的收获。后又经杨西斯引荐，去巴黎国立高等美术学院，没有经过什么考试，李金发师从布谢学习雕塑，林风眠则进了柯罗蒙（Fernand Cormon）老教授门下。“学校组织很松懈，自由不拘形式。”[3]李金发还透露，由于第戎女友工作调到巴黎，林风眠还夹杂有追随而来的私情。同时还提到，由于学校欺侮作弄新生，林风眠难以对付，此种困扰也成了不上课、在外“打游击”的起因。如果此说成立，那么林风眠啃着冷面包，在博物馆临摹，似乎是因祸得福了。

巴黎是重大思想与艺术活动集中之地，也是四面八方学子的向往所在。

---

[1] 李金发《林风眠与我》，第337页。

[2] 李金发《林风眠与我》，第337页。

[3] 李金发《浮生总记》，见李金发著、陈厚诚编《李金发回忆录》，第51页。

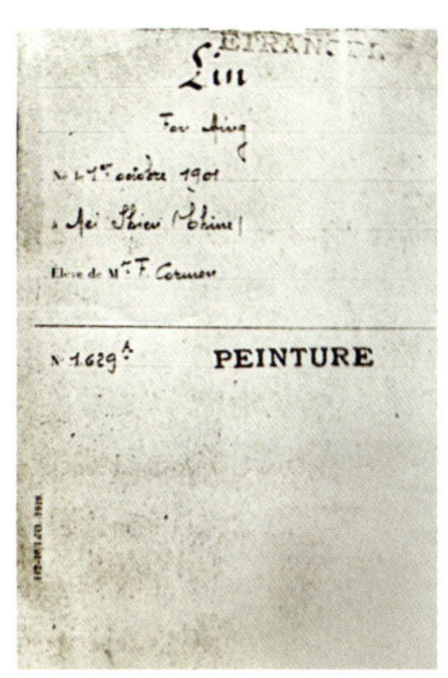

▲ 巴黎国立高等美术学院所藏林风眠档案

▲ 1924 年，巴黎秋季沙龙参展作品目录

这里既有人道主义的影响，也有很合中国胃口的泰戈尔东方精神文明的提倡，还可阅读来自中国的“左”倾的《新青年》《新潮》《少年中国》，包括周恩来等办的《工余》油印宣传品，太多的选择，又在考验来者的大脑。

若干年后，笔者入住拉丁区的小旅馆，在巴黎国立高等美术学院周边穿街走巷，体验到了李金发描述当时状况的温情：“我们起初在巴黎生活极力节俭，我和林风眠住在拉丁区同一个小旅馆里每天吃平民饭，吃的多是公务员小市民，三角半左右一客，有红酒有肉类，每星期只能到中国餐馆去吃一次，这样节衣缩食，后来想想亦有点过火。我跟林风眠出入必偕，其他同乡虽多，我们还是比较志同道合，穿的衣服常常是一样，我每日上午到学校去，他则到博物馆或出外写风景，大家到了十一时半总是在小饭馆相会，吃得醉薰薰的回家小憩。下午则常到私营的写生室去作素描，那里有固定的模特儿，只收入场券……”[1]

[1] 李金发《林风眠与我》，第 337 页。

在破旧败落的街区，曾出没过福楼拜、莫泊桑、大小仲马、罗丹，甚至笛卡尔等文化巨匠、文学大家与艺术宗师，小小咖啡馆都曾有过伟人的身影。所以颓废的同时，激励的氛围依然浓浓。无论是在学校或是在博物馆，林风眠与李金发都孜孜不倦、毫无懈怠，不是握着画笔，就是手不释卷。专业之外的阅读，涉猎哲学、美学、小说、诗歌，十分广泛，特别喜欢康德、叔本华、黑格尔、克鲁泡特金、斯宾塞等著作，还有雨果的小说，拜伦、波德莱尔的诗作。李金发对诗歌的浓烈爱好，也感染了林风眠，林风眠这时期的作品都有明显的以诗入画的倾向。

林风眠与李金发没有经过考试，自然没有列入巴黎国立高等美术学院的注册学生名单。传说一时的林风眠巴黎国立高等美术学院的学生证，可能还只是一张听课证，林风眠充其量只能算是位旁听生。我从巴黎国立高等美术学院校史资料室出来，为林风眠感到有点失落，还与吉美博物馆中国书画部主任易凯博士（现任赛努奇博物馆馆长）谈起自己的困惑。易凯博士认为，注册与毕业不是主要的，关键的还是当时接触过哪些人，经历过什么，受过哪类影响。

另一插曲也比较蹊跷："他（林风眠）作了一幅水彩画，我塑了一个中国同学的假铜像，好奇地送去巴黎比较保守派的（1922）春季沙龙，居然没有落选。"[1] 李金发谈了这点之后，还自嘲了一番，说是评委花了眼。而在冯叶编《林风眠年表》中，作为林风眠留学成果的"1922 年，油画《秋》入选在巴黎举行的秋季沙龙展"与"1924 年 10 月，油画《摸索》，中国水墨画《生之欲》入选巴黎秋季沙龙展"[2] 曾引起笔者一番追根刨底，当调阅了 1922 年

[1] 李金发《林风眠与我》，第 338 页。

[2] 冯叶编撰《林风眠年表》，见林风眠绘《林风眠画选》，天津人民美术出版社 2013 年版，第 87—88 页。

▲ 徐宗帅在巴黎国立高等美术学院

▲ 徐宗帅和在法友人朱旭阳在巴黎国立高等美术学院查阅资料档案

至 1924 年秋季沙龙的目录之后，既找不到林风眠的名字，也看不到同题的作品，令人失望。为了慎重起见，还请了当地名牌大学法学专业的毕业生协同复查，结果还是空空如也。我们的执着，引起了资料室研究员的不解，穷追不舍之中，捞到一根稻草，一本厚厚的法国出版的画家年鉴上，居然有类似的条目。研究员愣了一下，但很快解答了疑惑：可能这个条目引自中国。历史的痕迹，掸去尘埃不容易，有时水落石出的真相似乎更令人难堪，也在告诫后来者：切莫带着既定的框去套历史。

林风眠的确是不安分的，在巴黎仅经年余，又走在了赴德国的路上。这次去柏林，是受同乡熊君锐之邀，除李金发外，还有林文铮、黄士奇，四人同行，是名副其实的游学，没有行程安排，没有指定学校。此行经济上是享受马克与法郎的差价，学业上是去迎合清新的北欧之风。20 世纪 20 年代的留学，多数是追求新知识和名师的指导，往往无意学籍、学历与学位。这种“旁征侧掔，以求先博后专”的游学方式，历时相当长，林风眠正当其时。没有学校的樊篱，林风眠更加无拘无束，不但邂逅了罗达，收获了爱情，而且厚积薄发，创作上有了可喜的井喷。林风眠总是擅长从繁杂中汲取精华，有着特异的酿蜜功能，无论思想理念，还是语言形式，在起步与飞跃的瞬息之间，完成得特别出色。

曾有评论家认为，这是爱情的力量。经历欧风洗礼的林风眠，在德国迅速融入朝气蓬勃的艺术氛围，观摩现代主义与诸派艺术作品，在罗达的带领下，一起品味咖啡馆的焦香，感受波罗的海的海风，创作了《柏林咖啡馆》《渔村暴风雨之后》《白头巾》《平静》等光影交辉、笔触分明的作品。1904 年毕加索在社交活动中认识了热情的费尔南德·奥利弗，受到这段甜蜜爱情的滋养，从而大量使用明快亮丽的橘、粉红色系，由蓝色时期过渡到粉色时期。如果说费尔南德使毕加索创作激情勃发，同样地，罗达的到来，也让年轻的林风眠冲向了第一个创作高峰。

命运注定林风眠在学生时期就要遍尝人生的酸甜苦辣，回到巴黎的日子并不平静，也是喜忧参半。

1924 年伊始，林风眠与林文铮发起组织霍普斯会（后改为海外艺术运动社），风起云涌。紧接着 5 月 21 日，林风眠以 42 幅作品（多为旅德作品及归法近作，其中油画作品 14 幅）参加中国古代和现代艺术展览会。会上，初识蔡元培，得到蔡元培的赞许。展会结束，蔡元培回到巴黎不久，还偕同夫人周养浩去玫瑰别墅 6 号探访林风眠夫妇。不幸的是，罗达在初秋分娩时染疾而逝，不久婴儿亦夭折。继祖父和父亲去世之后，林风眠又面临亡妻失子的惨痛。

林风眠在当年 10 月 1 日致蔡元培的信中，表达了悲哀中不沉沦的志向，也流露了彼此之间情义非同一般："接来书及三百元，感谢感谢，记德之爱此生不忘。内人之坟墓现略既修饰，日光和暖时携花一束安放墓前，觉亦稍可自慰。……我们的生命，总不能永远相续，但学术的进化是由人类生命中之创造一点一点增加上去的，因此我绝不悲欢……"

1925 年春，林风眠又振作精神参加国际装饰艺术与现代工业博览会，并担任评委。林文铮对林风眠作出最具前瞻性的评论："林风眠是中国最有前途的天才艺术家，他自由地游弋于东西两种艺术传统之间。他有着敏感和不安的心灵，东方的宁静不再能满足他，西方的烦躁和焦虑侵蚀着他，他无名的不安和生之欲望使之远离了中国的古人。"[1]

蔡元培在中国馆看到《生之欲》，赞其"得乎技，进乎其道矣"，再次高度评价林风眠作品的人文精神。蔡元培提携、关爱林风眠，一直是现代艺术史

[1] 林文铮《中国参加巴黎国际装饰艺术和现代工业博览会图录序》，转引自林风眠百岁诞辰纪念画册文集编辑委员会编《林风眠之路：林风眠百岁诞辰纪念》，中国美术学院出版社 1999 年版，第 31—32 页。

中最为赞颂与温馨的篇章。当林风眠与第二位妻子法当结婚迁居第戎城外乡下时，蔡元培偕夫人又不远千里前往探望，并住了三天，还留下3000法郎。

两次访晤，蔡元培与林风眠谈了些什么，现在无从考证，但作为新文化运动的领袖与青年导师，两次探访无权无势的学子，显然不会无缘无故。蔡元培“不拘一格降人才”，林风眠自然有其独特的魅力，不论是作品或是人品。而蔡元培的光临，与其说是探访，不如讲是考核，或是一种答辩，最后显然是首肯通过。现在回望，当时蔡元培似乎肩负着某种使命，在物色一位勇于创新的艺坛开路先锋。

为什么蔡元培在众多的学子中偏偏选择了林风眠，而不是李金发，也不是林文铮呢? 按林文铮的话是: 蔡元培器重林风眠。

蔡元培的教育家气质和非凡眼光使之准确地识别出千里马。为了提拔陈独秀，蔡元培就曾冒天下之大不韪，以权宜之计，为其假造学历，但仍不失原则: 其人是清白的，并有真才实学。对待林风眠，可谓是异曲同工，也是现代艺术教育史上成功的用人典范。

林风眠的留学生涯在某些人眼中似乎支离破碎，没有入学考试，没有注册，没有完整的学历，当然也没有毕业文凭。但林风眠的留学却是全方位的，从学校至社会，又深入家庭，经历特别传奇，磨炼尤为突出，汲取的经验最为丰富。思想的启蒙，精神的陶冶，更是受用一生，特别是对民主自由与人格独立的渴求深入骨髓，融为血液。正如水天中所说:“他在国内学习阶段，虽然爱好诗文，但传统文化对他人生观的影响不是很深。这样，法兰西文化的洗礼便很自然地影响到他的思想和感情，个性自由成为他的基本信念。相形之下，同时代的许多留学生在国外仍坚守其中国文化立场。他们不是在个人思想、感情层面上，而是在技艺层面上服膺欧洲文化艺术。”[1]

最后两年创办艺术社团，举办展览，正是回国参加艺术教育、进行艺术运动的预演，也成了接下去国立艺术院“黄金十年”的序幕。

留学让林风眠走出山村，从数千年中国传统文化中解放出来。在法兰西感受着西方的文明，了解西方的艺术精神与形式技法，从中汲取灵感，不但开始了中西融合的探索之路，同时也熔铸自己，有了中西合璧的健全人格，成了取经西方的圣手。林风眠的成功，举世公认，留学经历，意味深长。历史与现实，都证明林风眠无愧为“中国留学美术第一人”。

（部分内容原刊《文汇报》2020 年 9 月 3 日，原题为《林风眠留学经历浅析》，孙孺合作）

---

[1] 水天中《林风眠的历史地位》，《美术历史与现状思考》，北京时代华文书局 2016 年版，第 191 页。

林风眠在激荡的1927年

只要翻开中国近现代史，无论是社会史，还是文化史与教育史，1927年都是一个风云激荡的年份。在汹涌澎湃的大时代下，作为个人的林风眠是渺小的，但在浮沉中的搏击却格外耀眼。

1926年，在中国艺术界可谓是林风眠年。一位广东乡间的农家子弟，26岁，没有家庭背景，没有教学经验，仅只有六年留学欧洲的履历，从法国回来就执掌了全国最高艺术学府——国立艺术专门学校（以下简称“北平艺专”），不能不说是一个传奇。只要翻开当年的报纸杂志，关于林风眠的行踪报道、画展评论、作品照片铺天盖地。推崇的文字居多，当然也有争议，但关注度是空前的，十分风光。新人新举措，引进国外教授，破例邀请民间各类优质师资授课，鼓励学生组建艺术社团，改革教学方法，学生活跃，学校面目焕然一新。林风眠也确实不负众望走上了艺术教育的改革之路。

林风眠的任职功成，传说纷纭，基本都在人际关系上说事。一是蔡元培的引荐；二是王代之与萧子升的帮衬等等，往往偏重于单线的人际关系，而忽视多维的社会推力，即天时地利人和的综合考量。天时还是关键，林风眠的回国适逢其时。北洋政府政权动荡，但社会言论自由、兼容并包，教育领域废旧鼎新、求贤若渴，新文化运动势不可当。林风眠这样在国外就已声名鹊起的海归艺术家成了不二的选择。北京是新文化运动的中心，起用新人的呼声最为强烈，民主气氛又浓，北平艺专采取全体学生投票的方式，票选校长，也是与时俱进。林风眠以遥遥领先的高票当选，确是以新制胜。当时的宽松开放，现在难以想象，没有身份查验，没有学历审核，能看到的可能就是林风眠从国外带回的画作，而北平艺专校长的大印就落到了他的手中。

进入 1927 年，除了已到达北京的洋人克罗多之外，作为校长的林风眠继续呼朋唤友。同乡、同学、挚友的留法钢琴作曲家李树化被聘为北平艺专驻欧通信员之后，也于 2 月 9 日抵达北京，被聘为音乐系教授。这样，林风眠夫妇、克罗多夫妇与李树化夫妇合住花园宫胡同四合院，养有狼犬，过上了安稳优越的生活。而同样留学法国的林文铮、吴大羽、刘既漂即将一起踏上由巴黎经莫斯科回国的路，准备汇集北京，大显身手。

林风眠在聘请洋人克罗多与民间画师齐白石之外，也不忘聘请传统画家，中西融合一直是教学改革的宗旨。只要读一读余绍宋这两则日记，就能感受到林风眠的虚怀若谷。2 月 23 日："章献猷又与杨适生来，适生者，艺术专门学校秘书，林风眠委其为代表，坚约余为该校画史、书法教授，意甚诚笃，余仍不允就。"[1] 2 月 25 日："林风眠、杨适生来，仍约任艺术专门学校事，余坚辞主任。风眠此次扶疾来，情词极诚恳，不得已许其为教师，渠又坚请任八小时之多，余仅允任四小时（画史及画法两科）。"[2] "扶疾来"，"极诚恳"，

---

[1] 余绍宋《余绍宋日记》，中华书局 2012 年版，第 593 页。

[2] 余绍宋《余绍宋日记》，第 593 页。

▲ 1926 年，林风眠与同事们在北京花园宫胡同四合院

这位年轻校长不容易。之后，余绍宋不但在北平艺专授课多时，而且与林风眠的情谊一直延续至国立杭州艺术专科学校（以下简称“杭州艺专”）[1]。

林风眠踌躇满志，但社会并不太平，刀光剑影，寒流滚滚。3 月 18 日，北平艺专学生会主席姚宗贤、北师大刘和珍等惨遭屠杀，是鲁迅所称“民国以来最黑暗的一天”。4 月 6 日李大钊在北京被张作霖逮捕，28 日就义。4 月

[1] 国立艺术院的校名仅存在了不到两年时间，后学校于1929 年 10 月更名为国立杭州艺术专科学校。

12 日，蒋介石在上海对共产党大举搜捕屠杀。4 月 15 日血洗广州，林风眠的朋友熊君锐在中山大学被枪杀。在如此腥风血雨之中，或许是林风眠初生牛犊不怕虎，或许是他认定艺术不是政治，5 月 11 日，“北京艺术大会”在北平艺专照常开幕。这是仿效法国艺术沙龙的艺术展览活动，宗旨是“实行整个的艺术运动，促进社会艺术化”。展期近一个月。展品达三千余件，除了中西绘画、图案、建筑、雕刻外，还有音乐演奏、演剧、灯会、漫画社的特刊。大会提出不少“打倒”之类的激烈口号，虽然属于艺术范畴，但标新立异，轰动京城。这无疑是林风眠从学校走向社会艺术运动的一次大胆尝试。李丹妮曾认为:“林风眠虽是‘左’倾人物，但并没加入共产党，他一生就是为了艺术。”[1]这可能是来自其父的认知。艺术展览以运动的方式进行是“左”倾，抑或作品反映人间痛苦是“左”倾？李丹妮没有说明。

简单地就艺术大会论成败，想来难以定论。以派系之争，上纲上线，更会远离文化现象的判辨，但艺术大会确实给林风眠带来了麻烦。有关这段史实，李树声《访问林风眠的笔记》中记载:“后来张作霖进入北京，他说艺专是共产党的集中地。后叫刘哲（当时的教育总长）找我谈话。这次谈话形成一种审讯的样子，各报记者均在，报纸曾以半页的篇幅报道了这次谈话。时间是在张作霖执政的时候，李大钊同志死后不久。记得当时刘哲曾问：‘你既是纯粹的学者，为什么学校里有共产党？’自从这次谈话之后，我只好悄悄离开北京，到南京投靠蔡元培，然后到杭州创办国立艺术院。”[2]

所谓的“半页的篇幅报道”，就是《晨报》1927 年 9 月 3 日第 7 版的《刘

---

[1] 袁雅琴、欧阳鹭英著《用爱等一生》，作家出版社 2016 年版，第 31 页。

[2] 《美术》1990 年第 2 期，第 21—22 页。访问时间为 1957 年 5 月 10 日。

哲昨与林风眠谈话》。这篇谈话可以说是面镜子。笔者为了刨根究底，对这篇报道反复研读，果然读出了一些历史细节，可以澄清林风眠年谱与传记中的一部分模糊地带。

1927 年 9 月 2 日，北洋政府教育总长刘哲应林风眠的要求，召见了林风眠。当时林风眠已不在职，所以其实是教育总长与离任校长的谈话。现场还有新闻记者记录了谈话的内容，刊发在《晨报》。

由于是公开的记者在场的谈话，真实性是可靠的。这篇近两千字的谈话记录，给人的印象是上峰下属的正常沟通。没有居高临下，没有权势压人，有的只是平等互谅、推心置腹。刘总长所言有理有据、开诚布公，而林风眠也是畅所欲言，气氛平和，消除了不少谣传，达到了一定的共识和理解。这次谈话实际上是由外间对北平艺专颇多攻击匿名信引起的，是林风眠向刘总长当面消除误会的一种诉求，并不存在什么“他说艺专是共产党的集中地”，“你

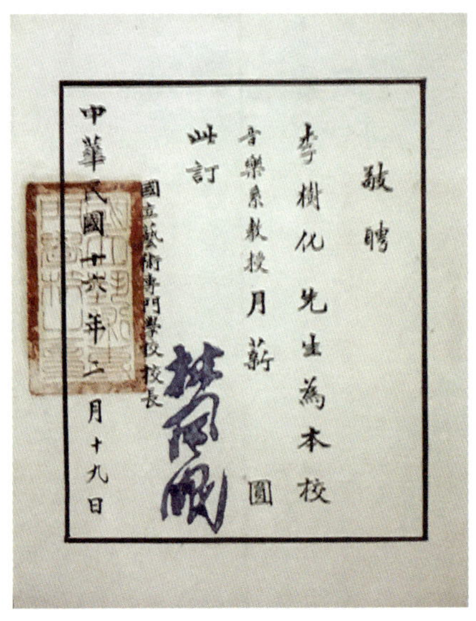
敦聘
李樹化先生為本校
音樂系教授月薪　圓
此訂
國立藝術專門學校校長　林風眠
中華民國十六年二月十九日

▲ 国立艺术专门学校校长林风眠 1927 年签署的聘书

既是纯粹的学者，为什么学校里有共产党”，也找不到“这次谈话形成一种审讯的样子”的影子。

为什么会形成如此截然不同的历史记载?溯源追索，在千家驹的《我在北大》[1]中有了答案。关键的是两则信息:一是传闻，刘哲曾以留下遗嘱威慑请愿学生，成就了“枪毙部长”；二是亲历，千家驹向刘哲鞠躬时没有把手从插兜里拿出来，受到刘哲的严厉训斥。千家驹这位学生运动领袖的文字，对刘哲这个人物一锤定音，颇具权威性，不少文章都引用或引申千家驹的这段定论。

流传甚广的是有人扬言林风眠是共产党，向张作霖建议把他抓起来枪毙，幸亏张学良说了句话:林风眠一个画画的，没什么了不得的，放他一马吧。一句话的救命之恩，林风眠记了一辈子。1989 年，在离世前两年，林风眠到台北办画展，专程去探望了张学良。而恶人是不是刘哲，一时还真难以考证，简单地将张、刘对立起来，对刘哲会否有失公正?

如何解读《访问林风眠的笔记》，犹如走进了历史丛林。是林风眠记忆有误，还是 1927 年的语境令林风眠的口述改腔走调?

9 月 2 日谈话记录中还有两点，也有必要作一深究。

刘哲说:“外间抨击足下者，除上述三项外，有谓足下系蔡元培、李石曾死党。然办学以人才为前提，足下既为艺术界人才，无论有无党派关系，只要能实心办学，与学生前途不生妨碍，余当然置之不理。”[2]

虽是传闻，但还真是无风不起浪。

---

[1] 《文史资料选辑》第 95 辑，文史资料出版社 1984 年版，第 38—72 页。

[2] 朱朴编著《林风眠全集》第 5 册，中国青年出版社 2014 年版，第 80 页。

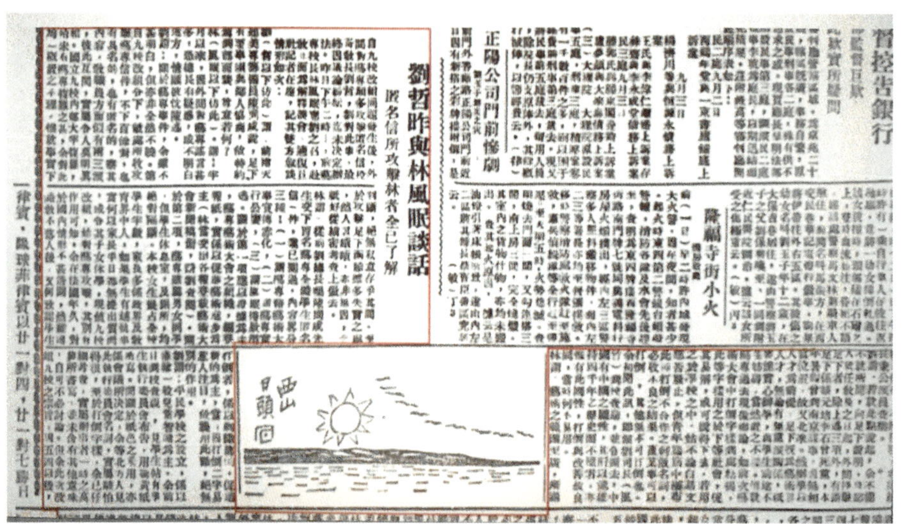

劉哲昨與林風眠談話

匿名信所攻擊林者全已了解

▲《晨报》1927 年 9 月 3 日第 7 版刊载《刘哲昨与林风眠谈话》

据蔡元培 1927 年 6 月 29 日日记：“林风眠住一品香六十八号。”[1] 一品香在上海西藏路，是兼营西餐的上等旅馆，由于文化名人纷至沓来，称为“文化客栈”，罗素、胡适等人都曾入住。这次南下，林风眠显然是朝蔡元培而来的。蔡元培自 1926 年 2 月 3 日从法国回来抵达上海，一直盘桓在南方，没有北上。何去何从，林风眠都需要蔡元培的指教与支持，特别是北平艺专面临树倒猢狲散之际。林风眠是主动辞职，还是因九校改组而解聘，有待另考。不过来上海时，应该还在任内，因为 1927 年 7 月 13 日《晨报》中《漫社昨展览会》报道还提到“艺专校长林风眠到场指导”。所以这次在上海的时间

[1] 蔡元培著、王世儒编《蔡元培日记》，北京大学出版社 2010 年版，第 357 页。

不长，在这个闷热的夏天，来也匆匆，去也匆匆，回程可能更为沉重。6月，国民党中央政治会议通过蔡元培关于组织中华民国大学院全国最高学术教育行政机关的提议。南京国民政府成立伊始，千头万绪，教育事业的改革细则与具体安排还无法提到议事日程，至于人事聘用，蔡元培一时更是爱莫能助。

等待，对林风眠来说是最为痛苦的煎熬。

李树化的女儿李尘生1927年5月24日在京出生，养家糊口是头等大事，李树化只得另辟蹊径，四处寻找教职。在刘哲约谈林风眠的前一天，李树化终于收到了京师公立师范学校（今北京师范大学）校长王西徵发出的担任艺术教席的聘书，悬着的心才算落下。

而林风眠的千金林蒂娜，也就在林风眠与刘哲交谈的几天前，即在8月26日呱呱落地。喜事临门，值得庆贺，但却遇上了糟心的失业，怎样面对嗷嗷待哺的骨肉？

请再回味一下9月2日的另两段对话：

林（风眠）谓：今天所述非为个人进退，实因中国艺术前途，亟待光明。希望总长派一妥人续办艺专。

刘（哲）谓：……余对艺专，正在考虑，决无停办之意。如果将来举办，仍希望足下照旧帮忙。

林（风眠）谓：余自今以后，拟切实研究学术，著书自活，并无想在艺专讨生活之心。

刘（哲）谓：听足下所言，实系老成人。如果续办艺专，必须借重，但希望对学风特别注意。[1]

---

[1] 朱朴编著《林风眠全集》第5册，第81页。

▲ 翻造后的一品香旅社，已有欧式风格

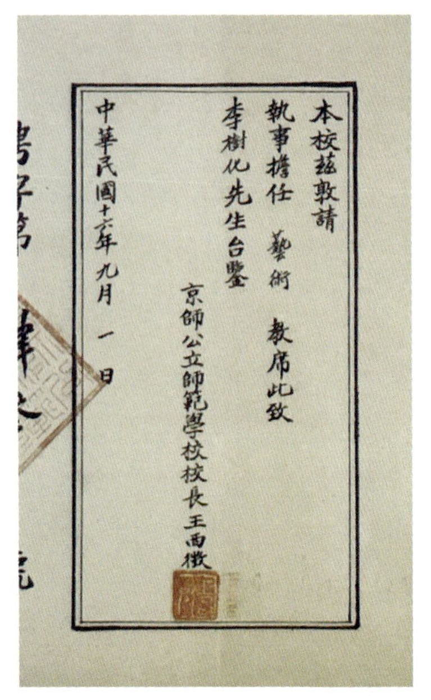

本校兹敦請
執事擔任 藝術 教席此致
李樹化先生台鑒
京師公立師範學校校長王西徵
中華民國十六年 九月 一日

▲ 李树化受聘京师公立师范学校的聘书

林风眠这次求见，内心还隐含着希冀重新聘用的意愿吗?燃眉之急，找米下锅，现实生活真是太需要这份薪俸了。余绍宋的日记侧面证实了林风眠这段话有点言不由衷。

余绍宋 1927 年 9 月 6 日日记（时寓天津）:“林风眠、杨适生（映华）、黄怀英自京来，谈艺专学校事，彼等皆以余为希得学长者，可笑可鄙，好词遣之。”[1]

余绍宋谈笑风生，而来访的林风眠等则有点坐立不安。

---

[1] 余绍宋《余绍宋日记》，第 627 页。

紧接着是9月8日日记:“林风眠来书，告艺专教授联名请教育部速派学长，征余署名，此甚可鄙，九校既已改组，原有教授已与新校无关系，何必更有主张,因作书拒绝之。”[1] 余绍宋的直抒已见跃然纸上。北平艺专教授联名上书的历史档案，至今未见，但可以推理的是林风眠心中还是没有放弃他在北平艺专的位置，并且因焦虑而付诸联名上书，在做最后的争取。当然，这也无可非议，毕竟南方就职仍还渺茫。

9月20日,京师大学校开学典礼在教育部大礼堂举办,刘哲不但任京师大学校校长，还兼任由北平艺专改组的京大美术专门部学长。尘埃落定，林风眠北平艺专东山再起灰飞烟灭，丢掉校长饭碗的成因是九校改组合并，或是“北京艺术大会”，或是有更深层的冲突，讨论与研究延续至今，也还无法断论。

以上时间与人事经过明晰。而郑重《画未了:林风眠传》所提:“1927年的7月，林风眠接受蔡元培之聘，带着法国妻子和出生不到半年的女儿蒂娜，离开北京南下了。”[2] 不仅与蒂娜的出生日期不符,而且南下时间也明显不对。

再过五天，一封从北京花园宫胡同寄出的信，令人心酸而始料不及。此信是林风眠寄给蔡无忌转交其父蔡元培的，二纸套红长条格北平艺专用笺，全信抄录如下:

孑民先生道席:

前上一函，谅邀察阅。弟现既不能留京，又无旅费南下，进退维谷，一筹莫展。弟素寡交际，此穷困之时，尤无办法。先生知我，故敢冒昧商借二百元为维持家计及南下旅用。如荷俯允，并请电汇为感，一切容面陈，不尽。

---

[1] 余绍宋《余绍宋日记》，第627—628页。

[2] 郑重《画未了:林风眠传》,中华书局2016年版,第75页。

此渎。敬颂起居

夫人均此

弟风眠

九月廿五日

改居西城都城隍庙街花园宫甲十号

林风眠作为北平艺专校长，薪金应该不薄，但北洋军阀政府长年积欠教育经费，教职员工每月都只能领到二三成薪金。根据留存的“民国十四年(1925)十一月起至十七年(1928)七月底止艺术学校欠薪清单”，照聘章计算至十六年(1927)七月卅一止，共欠林风眠十个月又五成五厘。8月开始断薪，9月当然更加窘迫，迁居可能也是为了节省开支。精神经济双重打击之下，可说是到了崩溃的边缘。

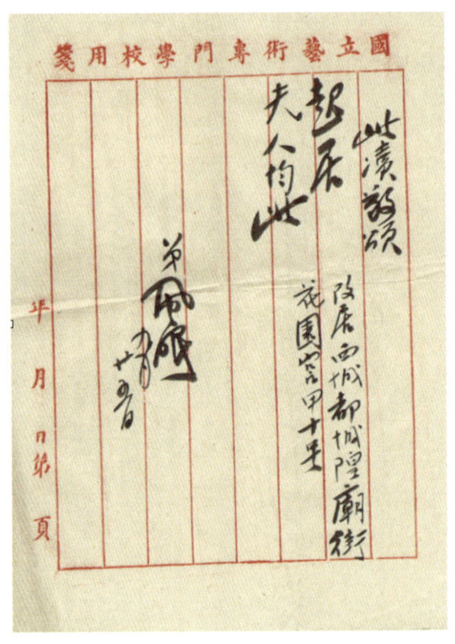

國立藝術專門學校用箋

此渎。敬颂

起居

夫人均此

弟風眠

九月廿五日

改居西城都城隍廟街花園宫甲十號

年 月 日第 頁

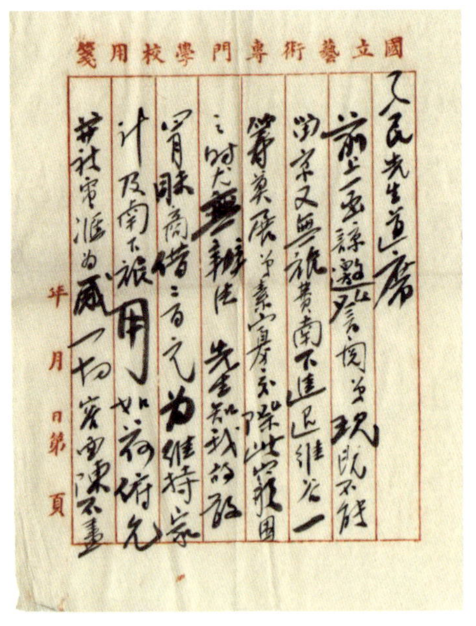

國立藝術專門學校用箋

年 月 日第 頁

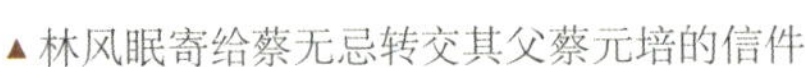

▲林风眠寄给蔡无忌转交其父蔡元培的信件

蔡元培与林风眠亦师亦友，对林风眠的资助已不是第一次。蔡元培也是林风眠唯一可以坦露困境而启齿求援的人。

1927 年 8 月之后，《蔡元培日记》断档残缺。想来即使有日记保留，蔡元培这类提携后人、乐善好施的善举实在是太多了，绝少自己记录在册。无从查阅林风眠什么时候收到电汇，什么时候启程南下。李金发《林风眠与我》中有这么几句："一九二九年我在大学院蔡元培那里帮闲，有一天蔡老先生告诉我林风眠已南来，住在上海的一间小旅馆里。我当时建议写一封信去叫他来南京谈谈，蔡老先生签名在信上。"[1] 不但年份记错了，而且由李金发向蔡元培"建议"，有点言过其实，但林风眠先抵上海是可能的。

林风眠南下最早也应是 1927 年 10 月。上天还是眷顾这位南粤山沟里的客家小子的，山重水复、柳暗花明。10 月 1 日，中华民国大学院成立，蔡元培担任院长，随即着手建立和完善组织机构。在大学院增设研究机构和各专门委员会，延揽和选拔各种人才，被誉为"集一时学政界之秀"。按时间推算，此刻可能正是蔡元培阅读林风眠 9 月 25 日求援来书之时。在关于吴待的报道中意外地敲定了林风眠的行程："晨光艺术会会员吴待君，于十二年夏赴法留学，研究艺术，已历四年，于上月偕同画家李玉堂取道西比利亚回国，留北京一月。兹与前北京艺术专门学校校长林风眠、教授王代之等一行数人于前日到沪。闻新华艺术大学已聘吴君为绘画教授。吴君近日历访在沪同人，并拟稍事休息即到校任事。吴君之作品已由法直寄上海，尚未到埠，俟寄到后，沪艺术界同人拟为之举行展览会云。"[2]

蔡元培于 11 月初任命林风眠为艺术教育委员会主任委员和美术博物馆

---

[1] 李金发《林风眠与我》，第 339 页。

[2] 《留法画家吴待君回沪》，《申报》1927 年 10 月 12 日，第 23 版"艺术界"。

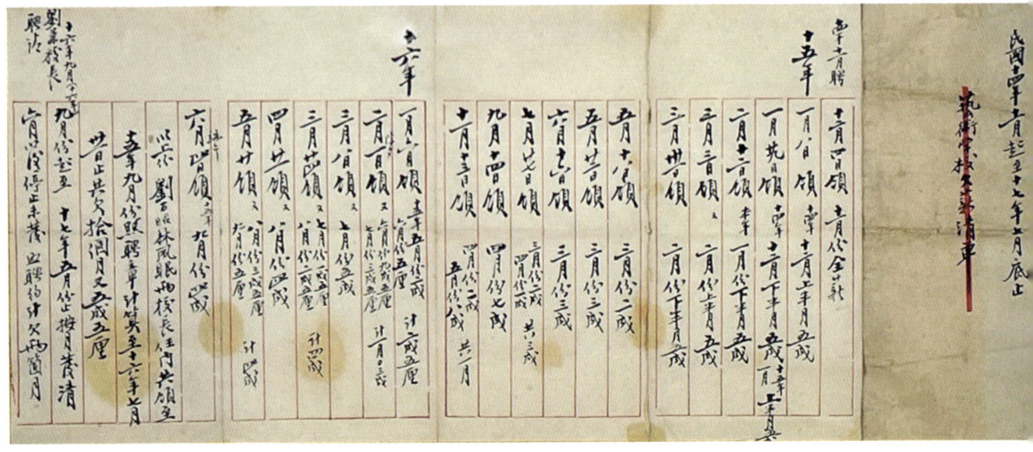

民國十四年十一月起至十七年七月底止

藝術學校欠薪清單

▲ 民国十四年十一月起至十七年七月底止艺术学校欠薪清单

▲ 1927 年，中华民国大学院中央研究院暨各专门委员会成立大会参会人员合影

筹备员。[1]而林风眠隆重亮相是在11月20日的中华民国大学院中央研究院暨各专门委员会成立大会的合影上。林风眠气宇不凡，立于与蔡元培仅隔一人的中心位置。卸任的北平艺专校长，居然进入了国家艺术教育的顶层决策核心，当然是轰动新闻。28日，《申报》披露了《艺术教育委员会会议记》："专电召林风眠等来京办国立美术馆，最近又在大学院成立一艺术教育委员会，函聘林风眠、张静江、张溥泉、李金发、周峻、高鲁、吕征、吕彦直、萧友梅、王化（代）之、李重鼎等十一人为委员，该会业于昨日……第一次全体大会……筹办国立艺术大学案。"11月29日《晨报》也以大字号标题报道:《林风眠现在南京一组织艺术委员会》。

风风雨雨，历尽磨难，林风眠又站了起来，并且成了艺术教育界的领军人物。

筹建国立艺术院，宏图再起，一张白纸可画最新最美的图画。从艺术教育委员会成立以来，蔡元培对林风眠一直倍加重视，从几次会议的召开时间、参加人员与务实议题，可见一斑:

第一次会议: 1927年11月27日。在上海法界马斯南路98号。出席者是蔡元培、林风眠、王代之、杨杏佛、高鲁、周峻、李金发、吕彦直、萧友梅。提出筹办国立艺术大学案。

第二次会议: 1927年12月27日。在南京成贤街大学院会议厅。出席者有蔡元培（杨杏佛代表）、林风眠、吕澄、李金发、高鲁、王代之、萧友梅（杨杏佛代表）、李重鼎（王代之代表）。

第三次会议:1928年2月26日。在上海法界霞飞路国立音乐院会议室。出席者蔡元培、张继、周峻、林风眠、萧友梅、李金发、李重鼎、王代之。

---

[1]《申报》1927年11月7日。

推定林风眠、李金发、萧友梅、王代之为常务委员。

第二次会议之后,《晨报》就《宁大学院将开办艺术大学》的议题作了详尽的报道，认为选址西湖，理由重要，地点适当。查阅《蔡元培日记》，发现 1926 年以来，蔡元培来往杭州最为频繁，踏遍西湖。蔡元培这一选择，可能那时就已酝酿在心。除了着眼西湖的幽静环境、人文气息之外，政治地理的战略抉择，更显蔡元培的胸有成竹。日后杭州艺专的十年发展，也许可以证实这点。

蔡元培集一生美育研究之精华，积北大十年教育之经验，满腔热情投入国立艺术院的创办。初期的几次会议不但每每躬身亲为，夫人周竣也都到场，接着女儿蔡威廉、女婿林文铮加盟，可谓是举全家之力。蔡元培还曾再三叮嘱林文铮、蔡威廉一辈子不要离开这所学校，寄托着对未来美学教育的厚望。

唐振常的《蔡元培传》，对史料的把握分寸和拿捏力度，令人钦佩，但对蔡元培创办国立艺术院的贡献与意义，着墨不多，或可说是一笔带过。传记中这段史实的依据，唐振常基本取自刘海粟 80 年代写的《忆蔡元培先生》[1]。而刘海粟此文明显有自我重塑之嫌，采用时忽视了史料的挖掘与互证，导致原本浓墨重彩的华章疏漏，留下了遗憾。但只要进行史料爬梳，认真考证，深入分析，完全可以阐述蔡元培此创办的非一般意义。其中既有美育精神的继往开来，又有创建的策划指导，乃至校址的选择等等具体操作，甚或时间、心力与人力的投入，都是足迹可寻，有目共睹。杭州艺专黄金十年是蔡元培北大光辉十年的延续，应该是不

[1] 原载《艺苑》1983 年第 1 期，后收入《蔡元培纪念集》，浙江教育出版社 1998 年版。

寧大學院將
開辦藝術大學

重要理由

適當地點

著手辦法

最低經費

▲《晨报》1928 年 1 月 8 日刊载《宁大学院将开办艺术大学》

言而喻的。唐振常认为：他（蔡元培）一生最重要的成就是两个，一个是做北京大学校长，一个是创办中央研究院。[1] 如果他对蔡先生创办国立艺术院的史料有完整掌握与全面领会的话，或许会增加一个：创办国立艺术院。

林风眠经过北平艺专的“实习”之后，走近蔡元培，在蔡元培的耳提面命之下，开创了艺术教育的新纪元。蔡元培器重林风眠，又扶林风眠上马，送了一程又一程……转折中的 1927 年成了林风眠南北艺术教育生涯的分水岭，也创立了美育事业成功实践的新起点。

完稿于林风眠先生逝世三十周年前夕 [2]

（原宣读于“激荡时代与个人抉择——林风眠 2022 年度研讨会”，中国艺术研究院美术研究所举办，2022 年 12 月 31 日）

---

[1] 唐振常《蔡元培传》，上海人民出版社 2018 年版，第 317 页。

[2] 蔡磊砢和余怀仲对本文都有贡献，一并致谢。

林风眠的西湖

西湖之美，似诗如画，历代诗人画家为之折腰者，可以列出长长一张名单，就是近现代画家也大有人在。其中黄宾虹、潘天寿、傅抱石、李可染、丰子恺等等，佳作缤纷。而林风眠是其中最为特殊的一位，无论是其画、其文，或是其人，都与西湖有着不解之缘。

拥抱西湖

1928 年林风眠初抵杭州，在西湖罗苑（哈同花园）创办国立艺术院伊始，孙福熙就撰文《以西湖奉献林风眠先生》，鲁迅误以学生荆有麟所为，在致朋友的信中调侃："有麟之捧风眠，确乎肉麻，然而今则已将西湖献之矣了。"实则作者为孙福熙，荆有麟所作的是《林风眠个人展览会》，有点冤枉。孙福熙有点"标题党"，又气大了点，但其善意可嘉，热情可爱。如果鲁迅知道是出自孙福熙之手，或许只会一笑了之，不会如此热嘲冷讽。而林风眠则是伸出双臂，欣然将西湖拥抱入怀，与之朝夕与共，不但为西湖锦上添花，一幅幅画开创了别样的审美视角，而且为杭州艺专奉献了一生美好年华，桃李满天下，艺火传薪，应验了林风眠老朋友郁达夫的诗：“江山也要文人捧。”同时也践行了蔡元培的理想：“西湖既有自然之美，必定要再加上人造美，所以大学院在此地设立艺术院。”林风眠深为感叹：“蔡先生诚不我欺矣！”并且体会到，“而西湖之创造美，则自西湖国立艺术院成立以来，始见有焕发之气象”[1]。

二三十年代，林风眠画上落款为西湖的较多，但真正画西湖却极少。林风眠曾赠蔡元培的一把十一档紫檀骨纸扇，题识：“孑民先生指正。弟林风眠，一九二八，西湖。”这把“独钓西子湖畔”的扇子，或许就是蔡元培携妻女借居林风眠葛岭下平屋几天中，林风眠的情义馈赠。画面疏朗淡雅但又春意

▲ 林风眠赠蔡元培的紫檀骨纸扇

[1] 林风眠《美术的杭州——为〈时事新报〉新浙江建设运动特刊作》，转引自吴玄、李璐、钱益清编《钱塘江畔是谁家》，浙江文艺出版社 2016 年版，第 123 页。

▲ 林风眠所绘《新杭州导游》封面

融融，寄托着林风眠的敬慕与感恩。陋室之中，林风眠信手拈来，蔡元培把玩在手，欣喜之情，正如蔡元培信中所愿："清明时节，故乡好湖山，益萦梦寐，重以故人欢聚，欣赏佳作，真大幸事。"这也可能是林风眠的西湖第一画。林风眠也画过西湖典故的梅妻鹤子，除了人物造型简约别致外，还是文人画的路数，也有一些白鹭群雀之类，但还不能说是纯粹的画西湖。

功在画外，林风眠对西湖的认识与理解正像绘画理论一样总是走在前面，留下了高瞻远瞩的文字。1932 年撰写的《美术的杭州——为〈时事新报〉新浙江建设运动特刊作》。文中上至天文地理，下及历史人文，甚至对西湖的一桥一亭，一石一草，如数家珍，倾注了亲切的审美取向与热烈的现实情怀。就是时隔近百年，这些文字对我们至今认识西湖，依然还有活生生的现实启迪。林风眠从自然美、人工美与创造美切入，阐述了西湖的过去、现在与未来。这在近现代画家中是十分罕见的。林风眠在文中写道："唐代的白乐天也告诉我们：'未能抛得杭州去，一半勾留在此湖。'这因杭州的精髓不在城市，而在西湖。”“西湖，无论一石之微，一亭之小，实在都各有其娓娓动人的掌故。”“保俶塔挺秀纤丽有‘美人’之目，雷峰塔则作风古朴端庄，故有‘老纳’之称。”[1]林风眠以独特的视角，深邃的思考，提出的建设倡议，不但切实可行，而且颇具远见，眼光与步伐总是那样超凡脱俗。

林风眠知行合一，还躬亲参与西湖建设，曾为1934年1月出版的石克士著的《新杭州导游》（杭州新新公司印刷）画过封面。这是一幅充满童话色彩的“春光明媚之西子湖”，保俶塔高耸挺拔，白堤舒展横卧，里外西湖上游船白篷点点，用笔极简，色块平涂且十分明丽，烘染出格外悦目的春天气息。西湖真是一个令人神往的人间天堂，林风眠的童真童趣赤子之心也流露无遗。这本书由叶恭绰先生题签，还有赵志游市长序文、陈树人先生题词等等，内容丰富多彩，在当时也是一本时尚的导游手册，开启了西湖旅游史上新的一页。

抗战胜利，从重庆复员回归杭州后，林风眠画得最多的是摩登仕女，好像没画西湖。但是，“欲把西湖比西子，淡妆浓抹总相宜”，画的红衣女、蓝衣女、黑衣女……正是西湖一方水土所滋养，仍然附丽着西湖的神韵，同样具有婀娜多姿的阴柔之美。更主要的是她们都具有天然美的姿质，不用借助外物，不必依靠人为的修饰，随时都能展现美的风致。西施无论浓施粉黛还是淡描娥眉，总是风姿绰约；西湖不管晴姿雨态还是花朝月夕，都美妙无比。也可以说是林风眠另一种对西湖的眷顾。西湖与西子，画湖山与画美人，在林风眠的摩登仕女中，不是同样蕴藏着西湖的宋韵婉约与恬静？

这个时期可以说是林风眠艺术创作与思想最为活跃的时期，有着继往开

---

[1] 林风眠《美术的杭州——为〈时事新报〉新浙江建设运动特刊作》，第120—121页。

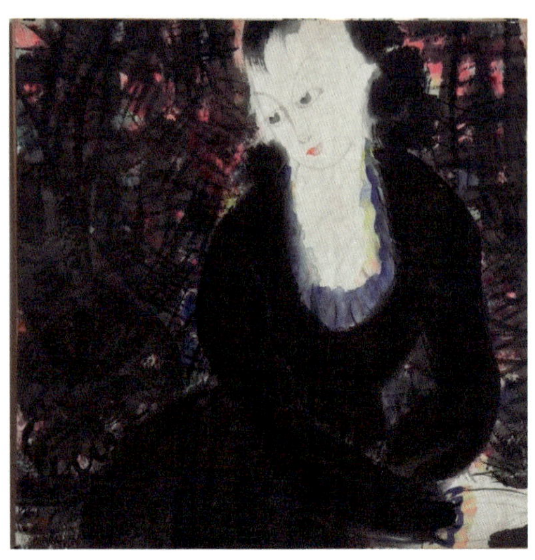

▲ 林风眠画的摩登仕女

来之势。只要读一下林风眠与无名氏、赵无极三人的白纸黑字，就不难发现高峰对决的深度:“以后如有以文字同大家相见的机会，我希望是别一方面的专门的研究。”（林风眠）[1]“看林风眠画，必须穿透它优美的外形，直入优美的后面，捕捉那深邃的核心思想与核心情绪。”（无名氏）“风眠先生是一个革命者，反抗抄袭别人感情，不断在画面上推翻和重建，不断怀疑自己，在他画面上常现实不断反省以及对自己绝不妥协的态度。”（赵无极）[2]

这时从葛岭山麓到孤山，再到罗苑，一路建筑已显败落，来来往往的人中有教员有学生，现在列出名单，却都是赫赫有名的大家。罗苑不但有画家黄宾虹、潘天寿等等，而且还有浙江大学教授夏承焘、王季思等等。文学艺

---

[1] 林风眠《艺术丛论》自序，1936 年出版，第 4 页。

[2] 赵无极《从新绘画运动说到林风眠》，《中央日报》1947 年 12 月 11 日，第 7 版。

术生态，正如夏承焘诗云：“未有花时已是春。”从上海美专“流窜”在此的木心，如饥似渴地，一边向夏承焘求学，一边向林风眠致敬，左右逢源，真是灵光透顶。罗苑又是世俗的，林风眠也有解聘与续聘的不安，夏承焘在为粮价高涨苦恼，但画依旧在画，诗依旧在吟。夏承焘与黄宾虹交谊甚笃，而与林风眠也不陌生。1950 年 11 月 8 日夏承焘日记：“午后与声越往保俶路十号开浙省文联筹备会，到五六十人。刘开渠主席。晤潘天寿、吕漠野、查宽之、林风眠、俞乃大诸君。”[1] 黄宾虹逝世，林风眠曾从上海专程赴杭参加公祭，但他们的私谊至今未见文字披露。还有夏承焘 1951 年参加五河“土改”，与杭州艺专的音乐教授李树化还同属一个工作队。历史人物交往的空白，并不一定是真空，或许就是意味无穷的留白。如果写一个《罗苑》剧本，让这些人物都能同台再现，该会是一个多么感人的场景。

带到巴西去的西湖

笔者在杭州也生活了几十年，与西湖毗邻而居，尽管也可吟诵一些白居易、苏东坡、林和靖、杨万里等历代诗人的西湖名句，但要读懂林风眠笔下西湖的春光与秋色、莲塘与堤柳、芦苇与孤鹜、小船与瓦房……并不容易。在各时期出版的林风眠画集中，林风眠画西湖的作品又还难以梳理出一条时序脉络，只能陷入无奈的沉思默想之中。十年之前，林风眠巴西外孙杰拉德一行首访杭州，笔者有幸陪同漫游西湖，从孤山、曲院风荷、郭庄、茅家埠一直到龙井，虽然已是初冬时节，有点萧瑟，但他们还是兴奋不已，更令人

---

[1] 夏承焘著、吴蓓主编《夏承焘日记全编》（第八册），浙江古籍出版社 2021 年版，第 4647 页。

惊异的是，他们几乎时常一起手指远方，不约而同地呼喊：林风眠！林风眠！并且重复不止。初闻如梦话似招魂，细味，才恍然大悟：湖光与山色、水杉与垂柳、丛苇与飞鸟、白墙与黛瓦……就是早已带往巴西的“林风眠的西湖”。

1956 年初，林风眠太太与女儿女婿离开上海时带出去一大批林风眠的画，并且在 60 年代就将这批画拍摄制作成了幻灯片，这次杰拉德带了回来，其中有相当多的数量就是画西湖的。可以推论，这些画基本上都是作于 1951 年与 1956 年之间，断代分明，沿革清晰，充分印证了林风眠曾说：“在杭州时天天到苏堤散步，饱看了西湖的景色，并深入在脑海里，但是当时并没有想画它。”

▲ 林风眠巴西外孙杰拉德一行首访杭州

林风眠离开杭州，也是权衡再三，不得已而为之。所以依依不舍是肯定的，别愁离绪、怀恋、感伤，自然会在画中涌动。画面的洗练，并不等于情感的空白；色彩的单一，并不等于思想的浅薄，寻找新的绘画语言表达，的确非经千锤百炼不可。

所画西湖有堤柳、芦鹭、秋林、冬雪与农舍几类。由于时间比较集中，又比较系统，所以比较完整地反映了这个阶段林风眠摸索的轨迹，特别是西湖题材。有些是即刻摈弃的，如一幅板桥人家，不但构图是芥子园谱系，而且用笔也传统，后来就再没出现过。而这几年绝大部分作品浅彩淡墨，疏朗滋润，构图简洁，虽以水墨为主，但涂刷并举，注重渲染。想起了木心的“风啊，水啊，一顶桥”，真是诗心相通。画树难画柳，但林风眠却对柳情有独钟，特别是西湖的堤柳。画西湖，不管是春柳还是秋柳，总霸画面，成了骄子。也许正如林风眠自己说的：“创作时，我是凭收集的材料，凭记忆和技术经验去作画的，例如西湖的春天，就会想到它的湖光山色，绿柳长堤，而这些是西湖最突出的东西，也是它的特性，有许多想不起来的，也许就是无关重要的东西了，我大概是这样概括自然景象的。”[1]重庆时期国难深重的巴山蜀水的沉闷墨色消逝了，出现的是滋润的江南秀色，墨淡笔轻，孤寂的凄清总在笔端流出，不是晓风残月，而是衰柳小桥，轻烟淡雾。温润秀丽，一张宣纸好像刚从水中捞出，简淡极致，隐隐约约，模糊中求精神。在技法上，也印证了林风眠自己说的“我虽没画水彩，但我画画的方法从水彩画中汲取了很多”。

与清纯脱俗相对而言，林风眠的雪夜冻岸与枯树人家却是这一时期的稳定题材，往后变化不大，无论是造境，还是墨色，只是日臻完美，并且风格

[1] 林风眠《抒情·传神及其他》,《文汇报》1962年1月5日。

一直延续下去。

1953 年林风眠赴苏州天平山写生，获得创作灵感，画西湖的水杉排林有了全新的尝试，这幅画应是初期作品，略显拘谨生涩。但林风眠看树，已不只看到绿色，也不只看到黄色，而是满目五彩缤纷。大自然的启迪，敏锐的林风眠更多地感受到光色的诱惑，与印象派不谋而合，大胆果决地移至宣纸上，开创了美的别样天地。为什么水杉可以上各色，黄的、橙的、红的，而柳只能配绿的，或者黄的，最大变化的是深浅，而不是突破色界，好像是守着某种底线。

从初期的简洁素雅到后期的重彩凝练，是林风眠画西湖摸索的过程，从中反映的也正是林风眠的试验坚持与创新突破。以强烈的个性，以个人而不是“群体感情”表现对世间万物的挚爱、憎恨与宽容，自然地完成了现代性与民族性的形成，而不是为现代性而现代性，为民族性而民族性。

最忆西湖

林风眠画的西湖精品，大都集中在 20 世纪 50 年代末至 60 年代初。1979 年在巴黎赛努奇博物馆举办的林风眠个展图录的封面就是《西湖秋色》，1962 年的作品，学生席德进的《改革中国画的先驱者——林风眠》封底也选用了此画，想必是林风眠的得意之作。是在苏堤，或是白堤，还是曲院风荷，已无关紧要，没有像黄宾虹那样伫立写生，也未即时作画，而是多年之后，记忆与杜甫的诗句“渚清沙白鸟飞回”相遇，孤鹜掠过，挥笔而就，西湖之魂，招之即来。林风眠在 1973 年曾与学生谈过：“有一次爬上葛岭山，细细地看了西湖我才好像真正地看到了西湖。”如果说天平山是阳光与色彩的灵感，那么葛岭就是视角的灵感。林风眠热爱自然，正如他说：“也许因为我从小生活在山村里，对大自然的爱好，成为一种习惯，不管到什么地方去旅行，只要

▲ 林风眠画的西湖

能从车窗中望见外面，不管怎样的景色，也许看来是最平淡的东西，在平原上的几株树，几间小屋，一条河，铁路旁边的一沟水，水里有许多水草或荷叶，我永远不会感到厌倦。”因为投入，才会敏感，视野移动产生的不同效果，开启了对构图的调整，一系列俯瞰的精妙的西湖应运而生。留白消逝了，色彩浓厚了，光感神奇了，形成了新的幽深意境。

《西湖绝唱》，可谓是巅峰之作。一弯桥，数椽白墙青瓦，团团柳丝，西湖的高光时刻尽在其中。画面三条平行线，这是构图中最为忌讳的，但林风眠太爱堤柳了，几段洲渚抒情，已不能过瘾，这或许就是葛岭灵感——登葛岭而小西湖，开阔了胸襟，真正看到了天人合一的西湖。画出的西湖，超越了常人的想象，浓厚、凝重、恬静、悦目。那堤，泥土芳香；那桥，墩实可爱；那柳，有情有义；那水，波光涟漪；那屋，可居宜住。在焦黄、铜绿、深褐中创造出一个属于林风眠自己的西湖。自称为玩色彩人的林风眠，将西湖“窑变”成如此奇特，光彩照人。这里不但有粗犷的笔触，民间艺人的随意，简约利落，又有对光线的细腻捕捉，叠彩鲜活。感受林风眠画中的色彩，实难用言语准确表述，笔者曾用过“亚光”，但忽略了粉状。王泽良先生从小在旁看林风眠画画，又有学养，归纳最为精到：陶土感，造成一种粗糙而又润泽的层次效果。而柳树笔触造型，正是林风眠十分欣赏的明清民窑瓷上的青花图案，比较写意。

笔者曾沉迷于巴黎莫奈巨幅环壁《睡莲》，对其中不少画面都作了局部的特写记录，然后细细咀嚼。自然奔放的笔触节奏，犹如色彩的舞蹈，令人叹为观止。满池睡莲，欢歌曼舞，个性飞扬，酣畅淋漓，是阳光下的生命颂歌。但只有到了莫奈的故居，站在莲池边，才明白了莫奈的生存状态、创作环境与作品基调是吻合的，那是一种明媚之美。而林风眠的《莲塘》，还只一瞥一角之水，却是沉闷，甚或窒息的视觉冲击，如人沉沦其中。面对的岂止是一潭幽深的水，更像是人生的浓缩。画面铺开，这是睡莲与芦苇的对话，心

▲ 林风眠画的西湖

灵的碰撞。此画 60 年代作于南昌路寓所，是林风眠在夜深灯下的精心之作。逼仄的画室，却有着人生的聚焦。方寸之间，人世遭际，都融入了浓浓的水墨、丰富的色彩与薄薄的宣纸。在林风眠眼中，莲叶的色彩如梦幻的世界，莲苞尖尖，稚嫩而倔强，芦苇丛中一点黄冲破了昏暗，唤醒了众生。林风眠的一方莲塘，并不比莫奈的巨幅莲池逊色，那种含蓄的东方之美，充满着诗情的意境与哲理的光芒。

林风眠笔下的西湖，几乎没人出现，像东山魁夷的风景一样，空旷寂静，但又处处有人的眼睛，人的气味，人的温情与人的互动。对林风眠来说，画鸟就是画人，鹜就是人，猫头鹰就是人。同样的，自然界的松柳、莲荷、芦苇，甚或池水、云朵，都有着人性的灵光，展示的都是人生的画卷。

▲ 林风眠外孙杰拉德与蔡元培、林风眠的塑像合影

梦绕西湖

林风眠一生画黄山最热烈，热烈得天马行空；画西湖最温润，温润得泪湿衣襟。

在西湖有自然的提炼，更有感情的投入，并且融合得如此天衣无缝，不分彼此，以致达到雅俗共赏，出神入化。正如梵高的向日葵与麦田，是自然的，更是精神的。如果说人文西湖需要故事的话，那么自然西湖更需要精神注入。林风眠的画就是美的融合，尊重自然的创造，既有人的饱满精神，又有天然的质朴特色。张爱玲、苏青、傅雷、吴冠中、周昌谷、程十发等等，这些人可谓精英，不少还是精神洁癖者，但林风眠的仙风道骨，总令他们顶礼膜拜。读懂林风眠，不但需要艺术修养，更需要阅历；不但要懂艺术，更要懂人生。

林风眠是孤独地画，欣赏者是孤独地观看，孤独地回味，每每会心之处最多。林风眠的学生提示笔者，林老师的画，不宜将其不同题材作品混杂悬挂陈列，而因分开，各司其职，正如各有各的话题，各有各的思绪。欣赏林风眠的画，朝夕不同，灯光明暗，读出来滋味，悬殊甚远。林老师都在晚上一百支的灯泡之下作画，而灯泡都是他为之设法购买的。所以林风眠的画不宜在光天化日之下观赏。如果是在白天，最好的欣赏时候，是晨曦之时，或夕阳西下，林风眠的画对光影是太敏感了。笔者曾作尝试，确非虚言。所以展示林风眠画时，最忌扎堆，应是拉开距离，相对独立。所用灯光，最忌强光直射，而是仿照晨曦夕阳，柔和抚慰，唯恐惊醒。张五常的“法国印象派终于太古城”，不能不说是艺术高见。

林风眠的西湖，也有悦目怡神的一面。中信出版社出版的《唐宋词选婉约派》[1]，配了林风眠的画作为插图，取其清新绮丽或委婉忧郁，说明林风眠画东方韵味不减。同样从罗苑走出的夏承焘与林风眠感同身受，他吟唱的诗句:“湖楼照影休回首，万里风烟在柳丝。”“此是他年寻梦处，芦花如雪月明中。”“鹭鸶熟识不相怪，锦带桥头日日逢。”“相逢各在湖风里，白鹭南飞我向东。”“今夜月湖应属我，野鸥都不耐西风。”[2]句句入画，而林风眠的画，虽都无题，但幅幅营造的正是夏承焘的诗境。夏承焘是有感而发，林风眠是情动而画，异曲同工。情感是诗画的源头活水，真是千真万确。只要细细体味，桃花过后的伤感与清冷中滋长的安宁旷达，多层次审美享受会一时俱来。无论是诗，或是画，到了一定高度，展示的美学境界都是息息相通的。

林风眠打破僵化的老式文人画套路，借鉴欧洲艺术流派的观念与技法，以及传统，特别是民间艺术的精髓，着重表现个人在现实时空中的感触与情怀。林风眠的西湖总是远离喧嚣，静静的，将热烈蕴藏在安静之中，将丰富寓意单纯之中，形成静中之动的意境，显示出了林风眠不凡的艺术功力。画的背后，是画家的人格精神与个人情怀。经过长期的摸索和反复的实验，形成了独特而鲜明的个人风格。人是有个性的，思想是有特征的，画是有风格的。粗豪简略，而不是那种精细媚俗的装饰，这也正是真正的艺术与平庸的区别所在。

林风眠的西湖，既有自然丰美壮丽的礼赞，安详、宁静、牧歌式的抒情，又有荒寒、死寂、惊恐的情与境交融。林风眠没有像以往的画家那样画西湖

---

[1] 〔南唐〕李煜、〔宋〕李清照等著，林风眠绘，萧桓注《唐宋词选婉约派：林风眠插图珍藏版》，中信出版社 2019 年版。

[2] 夏承焘《夏承焘集》（第 4 册），浙江古籍出版社、浙江教育出版社 1997 年版。

的平湖秋月，画西湖的古色古香，而总是那样朴素、单纯，忠诚地画自己的感觉，爱自己心中的西湖。

正如著名艺评家何怀硕所言:“没有另一位现代中国画家像林风眠一样，在艺术中表现一个锐敏、忠诚的心灵真切的感怀。他的人格精神与艺术造诣的一致性及达到的高度，毫无疑问，历史将记载他在本世纪第一流艺术家的地位，而且是现代中国绘画的先驱。”

俱往矣，罗苑已非昔日，唯独蔡元培与林风眠的塑像，一坐一立，凝视西湖，若有所思。莫负湖山，林风眠为西湖留下了重彩的一笔，足以与西湖同在。林风眠的人生，将作为 20 世纪西湖的新典故载入史册，会流传民间；林风眠的画作，可为西湖的艺术广告，让世人皆知。这是两笔绝版的西湖文化遗产，迟早会得到公认。

（原刊《澎湃新闻 · 艺术评论》2023 年 6 月 14 日）

林风眠杭州故居的前世今生

“我要回家……要回杭州……”据林风眠女儿林蒂娜说，这是父亲 1991 年临终前，在香港医院已不能讲话，用铅笔在纸上写下的遗言。在林风眠一生中，西湖、孤山、玉泉别墅就是家，就是诗，就是画。

玉泉别墅，现在的门牌是灵隐路 3 号，但在蒂娜的记忆里，老门牌是岳坟街 102 号。根据上海南昌路 53 号房卡的原始登记，从杭州迁出的正是这个地址。

林风眠在杭州的居住轨迹怎样呢，初抵杭州，下榻何处？

龚玉和《一个世纪的故事——钱炳坤》无意中解答了这个多年遗留的难题。

“光复后，政府追晋父亲（钱骏）陆军少将军衔，并将岳庙前湖口约十三亩空地上建先父烈士陵墓纪念祠、遗族住宅等。建筑费用出自先父抚恤金、亲友赠款等。以后在亲友的帮助下，我家又陆续自费兴建了街面店屋九幢，共计一千六百平方米。我家在岳庙前的那座房子很大，也许是杭州最好的地段之一了。当时许多名人到杭工作就借住在这所房子里，国立艺专校长林风眠刚到杭州时，就暂住在我家；还有浙江大学校长程天放到杭州履职时（1932—

▲ 葛岭下的平房

1933), 也住在我家。”钱公祠就在现竹素园位置。据说林风眠还住过僧舍里,是不是钱家的地址, 或另有别处, 遗憾的是钱炳坤已逝世, 不得而知。

林风眠亲笔题写的《国立艺术院院友录》(民国十七年［1928］六月编制), 在通讯处栏中, 有“林风眠: 西湖葛岭十五号”;“林文铮: 西湖葛岭上息庐”。《人民美术》曾刊一照, 注为:“林风眠在杭州最早的住房: 葛岭下的平房。”可能正是蔡元培来杭州参加国立艺术院开学典礼不住宾馆, 而特意选择借住的林宅。当时林风眠与林文铮都住得近, 笔者专此踏勘葛岭路一带。息庐尚在, 界碑依旧, 现门牌为北山街 66 号, 墙门设摊卖水。林风眠的葛岭十五号平房, 仔细观察, 葛岭山门牌坊右边是葛岭路十号, 中间空当, 左边即是十七号的玛瑙寺, 周边就是相似的建筑, 十五号平房杳无踪迹。

林风眠在玉泉别墅竣工之前, 也一直近葛岭山麓而居。记者称林风眠为“岳王高邻”, 名副其实。

岳坟一带, 不但是林风眠的旧居之地, 也成了北平艺专教授们群星闪烁的新天地。玉泉别墅附近, 就有林文铮、蔡威廉的马岭山房(也曾称作庐), 李朴

▲ 玉泉别墅原貌

园的庭院，吴大羽的猎屋，雷圭元的洋楼，及至 20 世纪 40 年代，又增添了黄宾虹的栖霞岭小筑与龚文千的北山街 97 号别墅，人文荟萃。从 20 世纪 30 年代中期开始，杭州艺专的教授们安居乐业，置地筑屋，蔚然成风，临近西湖的幽雅之地，自然成为首选。也有喜欢住城里的，像音乐教授李树化就择地灯芯巷建房，经白堤来罗苑学校，也是一路风光，十分惬意。

作为一校之长的林风眠收入丰厚，在 1934 年就置地马岭山下，根据自己的意愿设计，建造了西式别墅。这幢别墅谈不上豪华，但朴实宁静，跟主人一样。清水砖房，灰色调子，这也成了 21 世纪杭州公认的城市色。建筑科学，地下室不但可以通风防潮，而且抬高屋基以利采光，开阔视野。起居厅、卧房与楼上的画室，布局合理，适用宜居。而室内装饰，则喜欢自己动手。“天花板上的挂灯，仅仅是由一片毛玻璃放在两根方木条上组成的，上面挂了盏普通的灯泡，玻璃上林先生亲笔描绘的图案，经济化、艺术化。”“地下铺着一张地毯，是林太太利用废弃的毛线头亲手打成的，交织着鱼形图案，色调构图极美观，非常合乎经济、美化的条件。”

在这幢别墅里，一家人从精神到物质都延续着法式的生活。林风眠上午到罗苑学校办公，下午则回家作画。闲暇时会亲自打理庭院，花花草草都是亲手栽培，其中特别多的是鸡冠花和水芋叶，还时常引进笔下画中。林太太曾跟同事李朴园学中文，不但中文交流不成问题，还会一口流利的英语。家里还养了狗、猫、兔、鸡与鹅，生机勃勃，更是不会寂寞。

女儿蒂娜爱好音乐，著名提琴家普洛克十分赏识她的敏感听觉与灵活手指，她成了他最小的学生。普洛克去世后，由沙拉契夫教授继续指导。所以这里还不时会飘出稚嫩而又纯真的琴声。对于礼仪，则是选择中式的，每个来别墅的客人，都享受到 60°的鞠躬。

星期日与节假日，一家人会结伴同事与朋友家庭，携带面包午餐，一起到野外跑山。西湖的山山水水，留下不少欢乐的足迹，在法国里昂图书馆藏有一批照片，正可说明这一切。更令人惊喜的是，林风眠与太太还都是骑射会的会员，只是没有留下浪漫的驰骋影像给后人观赏。

林风眠美育事业的黄金十年，这幢别墅也是最好的见证。只是抗战时期，沦为日军马厩，林风眠的油画作品被撕成碎片挡雨披风，惨遭蹂躏。1946 年复员返杭，已经卸任校长一身轻的林风眠，在这幢别墅里，致力探索艺术的脚步不但从没停歇，反而突飞猛进。夜深，树丛中的灯光，正照耀着现代绘画的探索之路。无名氏是别墅的常客，走进画室，看到的是东方文艺复兴的曙光：他的“蓝衣女”“黑衣女”“绿衣女”以及“红衣女”相继出现了。这是一个现代奇迹；我们又看见一个希腊，一幕盛唐！见证者还有赵无极、关良、苏天赐、周昌谷、裘沙、潘其鎏、金碧芬、席德进、翁祖亮、陈积厚、木心等等。同时，这幢别墅也曾与“新派画小集团”结缘多年，难以消解，这是后话。

1949 年 5 月 3 日，对于杭州来说是“时间开始了”，记录者是差一点被

▲ 林风眠与校车

▲ 林风眠之女林蒂娜

回家时我和风眠先生是同路，我住在半山上，他住在山脚，只 50 米之隔，平时我们有事时，便向窗前高声打个招呼，我便去他家商量。这回当走到他门前分手时，他又对我讲：

“要是你能先知道解放军经过时，立刻给我打个招呼，我们好站在阳台上看看。最好你来我家，一同观看好吗？”

“好，一定！”我答应了声，奔回家里，午餐过后，便躺在走廊里的躺椅上，等待刘佛庵的消息。

不到 2 点钟，刘佛庵敲了敲门，隔着玻璃门急匆匆地说：

“丁先生，解放军已从石莲亭动身来了，不要 20 分钟就到。我得马上赶回去迎接他们。”说完回头就奔下山去。于是我跑上楼梯口的窗前，用手装作话筒，朝着风眠先生的院子高声给他打招呼，立刻转身奔回林先生家，和林先生全家一起走到楼上的阳台前，凭栏等待解放军的到来。

林先生的住宅，正面对灵隐大道，居高临下，真可一目了然。没多久，先头部队就到了，记得是三人一排的纵队，穿着一色草绿色的军装，裹着绑腿，赤脚，穿草鞋，外表上和国民党部队没什么两样，只是精神上威武整齐得多。大队中间，间或插上一小队穿着蓝灰色制服的部队，这部队里有男有女，据说这是解放军最具统驭权力的人员。林先生的小舅子的外国牙医师（据说后来便成为他的女婿），看了解放军前进的阵容后，曾多次翘着大拇指说：

“了不起，真了不起！”[1]

---

[1] 丁天缺著、丁韵秋编《梦里孤山：丁天缺艺术人生》，中国美术学院出版社 2018 年版，第 81—82 页。

不知道林风眠当时想了些什么，但这天之后的翻天覆地，林风眠与丁天缺都被裹挟其中，再也不是阳台上的旁观者。

“周昌谷在他的《年表》‘一九四九年己丑’特记：‘在林风眠家看画，与陈积厚、苏天赐、翁祖亮、潘其鎏等被江丰等定为新派画小集团，怨莫能诉。’‘一九五〇年庚寅’记：‘常到林风眠家看画。吴大羽解聘。’艺专自一九四五年起西画系实行‘教室制’，到了一九五〇年，实际上林风眠于一九四七年即曾辞去教职，‘与夫人、女儿同住杭州玉泉住宅，潜心作画’。次年（一九四八年）‘回到艺专任教’。”[1]

1950 年 5 月，苏天赐与凌怀如结婚，婚礼之后在玉泉别墅欢聚，在台阶大合影。林风眠作为主婚人，刘开渠是证婚人，邓白是介绍人，还有他们的家人、不少同事，这可能是林风眠离开杭州之前，玉泉别墅最后的热闹场面。

1951 年全院师生赴皖北霍县参加“土改”时，林风眠因病告假，拿半薪回上海休养。1952 年正式辞去教职告别杭州。据劳诚烈讲，林风眠离开时，马玉如前往送行，将留下来的一只鸡杀掉饯别。不料吃鸡成了事件，领导发话：“什么新派画，狗屁!新派画小集团一批人，在林风眠家里吃鸡。沈培金，鸡肉吃不着，啃鸡骨头。”几十年后，沈培金还声明从未去林先生家……丁天缺的艺术人生是《梦里孤山》，而沈培金琐忆是《孤山一片云》，命运相依，梦里孤山一片云。

林风眠惜别玉泉别墅，交由学生金明玉家居住。周昌谷妹妹周素子与金明玉妹妹金明暄是杭州师范同学。1956 年暑假，她们就一直泡在玉泉别墅一起温课迎考。周素子对别墅的内内外外都了如指掌，大至面积结构，门廊阳台，几

[1] 陈朗《何以艺为——周昌谷评传》，台北朗素园书局 2016 年版，第 157 页。

▲ 林风眠（第二排右一）与新婚的苏天赐夫妇合影

房几室，小到窗户朝向数量，石栏尺寸，壁橱木色，甚至林风眠藏画何处。周素子还曝光了金明暄家在地下室养了十多头猪，数十只鸡，过起了丰衣足食的生活。为此周素子感叹："我国知识分子务农，似乎只有陶渊明是自觉的，到了近代'文革'期间才普及神州大地。不料 20 世纪 50 年代在这所洋式别墅里却先付之实施了！"

《昌谷自撰年表》"一九五九年己亥"条："林风眠先生自沪来杭，到校看我，谓园林管理局买他房子，价四千元。"[1] 据林蒂娜反映，"大跃进"实行房

---

[1] 陈朗《何以艺为——周昌谷评传》，第 285 页。

改时期，1959 年杭州植物园（现归口杭州市园林文物局）派人来上海，向我父亲要求收买杭州玉泉旧居，我父亲迫不得已收了钱，出了收条。两者时间相符，只是后者没提房价，而朱朴所撰《林风眠年谱》记载：杭州玉泉旧居，以人民币 7000 元由国家征收。

周昌谷与老师林风眠不只艺术同道，而且私交甚笃，周素子也熏陶颇深。1988 年初秋，周素子不是一般的故地重游，而是作了“一番巡礼”，是近乎朝圣的瞻仰。这时，围墙已经拆除，入住的人家增至三户，仅存躯壳，门廊都移动有变，不复有“亭”的影子了。由于是园管局的介绍，周素子承老住户引导，对院子里的一草一木都作深情的清点。哪是故物老树，哪株枯老不堪，从梅树、桂花、鸡爪槭、棕榈到一丛南天竹外，紫藤、凌霄花与蔷薇都已绝种，东窗外的一片淡竹林也已消失，唯独西窗林风眠亲手种植的法兰西梧桐参天如盖，还符合林风眠遮掩夏日骄阳的本意。周素子的点滴记忆，以后也成了恢复旧貌的依据。

人走了，屋朽了，但这还是个梦魂萦绕的地方。

老朋友、老同事、老学生与一切关心林风眠的人们更是牵挂，特别是在百废待兴的 80 年代。率先呼吁的是林风眠的老朋友柳和清的太太——著名演员王丹凤。在 1983 年，王丹凤作为全国政协委员，在大会上递交了将林风眠杭州玉泉旧居改建为林风眠艺术陈列馆的提案。全国人大与政协的 18 位美术界代表与委员支持这一方案。1987 年，全国政协委员吴冠中重新提及此提案。好事多磨，由于种种原因，又拖了 10 年。林风眠 1991 年逝世，1993 年，杭州林风眠研究会研讨会上作出决议，委托苏天赐联系在巴西的林蒂娜。苏天赐给林蒂娜写了一封 7 页的中英双语的长信。信中写道：当时杭州植物园收买私人房产，是强制性的，并非房产所有者所自愿，这是无法律依据的。按国家统一战线的政策，应改正过来，即落实政策。但这就需要当事人（包括他的后代）出面提出要求。现在先生已不在了，只有由他的继承人——您来出

▲ 林风眠旧居

▲ 金明暄与母亲在林风眠旧居前的合影，当时金氏一家即住在旧居中

面了，这才是合情合理，才有法律的力量。因此，杭州林风眠艺术研究会委托我向您征求意见。我们想您一定是赞成取回故居献给国家建成林风眠故居纪念馆的。林蒂娜积极响应，态度明确：要求政府落实政策，收回别墅产权，然后捐赠国家，修葺改建为林风眠旧居纪念馆。并出具了 1996 年 2 月 27 日中国驻里约热内卢总领事馆认证的公证书。全权委托苏天赐与金尚义办理玉泉故居的房产事宜。

住户的迁出是故居修葺的前提，而落实政策的路漫长曲折。随着林风眠诞辰百年活动紧锣密鼓地展开，中国美术学院以洪荒之力，争取到特事特办的专项资金，以最快的速度腾空住户，启动修葺。

不管以何种形式，玉泉别墅终于回到了林风眠名下。根据苏天赐 1998 年 4 月日记，“12 日：党委征求意见，我说：‘十年前已决定的建馆未见进展，很感遗憾。’14 日：午憩于岳坟‘竹素园’。问寻眠师故居竟不识其已非之面目”[1]。对于修复前的千疮百孔的玉泉别墅，离周素子的 1988 年巡礼又过了十年，还是有必要立照存档：原来户外宽敞的进屋台阶已不复存在，而是沿扶栏砌成高墙，封闭了廊亭成了内堂。各户开启了不同方向的小门。一户在廊亭下侧另辟路径，在别墅的正面掘开石栏，另设小门。六角廊亭顶上的阳台已封闭成房。苏天赐说面目全非，无法辨认，绝非夸大其词。

修葺可谓雷厉风行。恢复房屋原来结构，特制了一批印有周昌福字号的青砖，也不忘保留屋基底部的老墙砖。当然也有不尽如人意的，如钢窗换成了木窗，由于道路拓宽，庭院缩小，门口的汽车间没有重建。据周素子讲：厨房下的地下室内有一口井，是先生一家饮水之源。但笔者数次特意前往，从

[1] 刘伟冬主编《苏天赐文集（二）》，东南大学出版社 2009 年版，第 299 页。

▲ 徐坚白所绘林风眠肖像油画
（注：左为徐坚白女儿谭加东）

窗外窥视厨房下的地下室的角角落落，还是没有找到这口井。更为遗憾的是原拟在旧居旁建造一座既相连又独立的林风眠艺术陈列馆，未能如愿。

别墅室内陈列，还原最为困难，除仿制一张画案外，其他实物都来自上海。捐赠最多的是林风眠的学生潘其鎏与席素华两家。

林风眠离沪赴港时，将上海南昌路 53 号二楼转让潘其鎏一家居住。据席素华儿子王泽良回忆：有一很重的书架，一张可翻合的写字台，一个原配《世界美术史全集》（日文版）的书柜，大量法文、德文版的书籍等等，搬迁那天，请了两位表弟帮忙。其他家什都由潘家延用，包括收藏的瓷器陶罐、订阅的杂志。所以陈列在画室里的沙发椅（床）、座椅、蒙娜丽莎印刷品的画框，东南房间里的书架与橱柜，都由潘家赠送，还有起居室架上的林风眠收藏的瓷器陶罐以及各种工艺摆件，出狱之后订阅的《文物》《考古》杂志和一些赠书、画报，也有林风眠赠潘其鎏的书籍。陶罐上还留有林风眠的刀痕刻迹。潘其鎏的儿子潘文参观时，还曾当场与其母一一核对捐赠的实物。

唯一的捐赠专柜，玻璃柜内是林风眠穿戴过的羊毛衫、贝雷帽与塑料凉鞋，还有两台收音机，一台木盒机。一块牌子上，“冯叶捐赠”四个大字非常醒目。潘文直言不讳，这是喧宾夺主。对于他们家搬过来的物件与藏品，没有标注，倒没讲什么。还说那台木盒收音机，就是他为林公公装搭的。

故居里的两幅学生捐赠的画，值得记下一笔。

一幅是苏天赐捐赠的林风眠画的《卧龙桥》。苏天赐 1947 年 8 月赴杭州，就借居于西湖卧龙桥畔的郭庄，并就近再学于林风眠先生。林风眠与之常相过从，畅谈艺术。1948 年暑期，于西泠印社茶亭，林风眠又邀其任助教。[1] 这幅林风眠作于 1963 年赠送苏天赐的《卧龙桥》，具有特别的纪念意义，最后由林风眠故居收藏，应该可以说是最好的归宿。

另一幅是林风眠的肖像油画，悬挂在前厅，画作者的女儿谭加东曾对笔者说起肖像的故事：“那张林先生的油画肖像是当年我母亲（徐坚白）画的，由我父亲（谭雪生）送去给纪念馆，还有跟他们的同学好友苏天赐讨论建立故居的事宜的信件。记得我问过母亲，为什么她把林先生画得那么慈祥，既不是他年轻时照片上潇洒的样子，也没有晚年历经苦难的痕迹，母亲回答，林先生是非常慈祥的。她十六岁进杭州艺专到二十一岁从林先生的画室毕业，艺术人生最容易被塑造的阶段都在林先生身边度过，她感受最深的是慈祥。”

历年来笔者陪同过不少国内外人士参观林风眠故居，其中有林风眠老家梅州的父老乡亲、学生的子女，也有台湾、香港的媒体人和教授，还有巴西、美国、

---

[1] 刘伟冬主编《苏天赐文集（三）》，第 147 页。

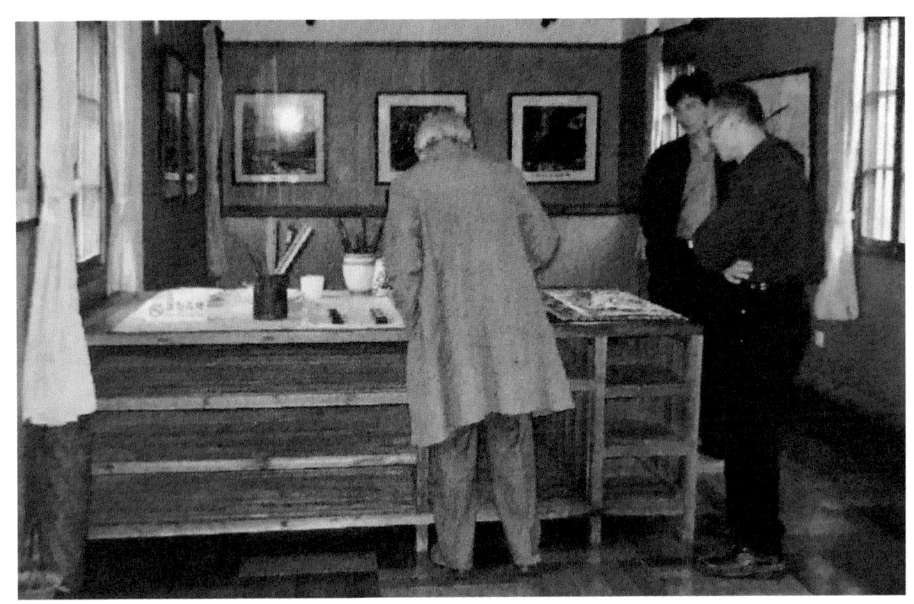

▲ 木心在林风眠画室

日本、捷克等国的林风眠艺术爱好者。有人曾问印象最深者，笔者试举一二。

晚了几年才读到《木心美术馆特辑》[1]，木心回国定居的前一年，返程途经杭州，专程参观了林风眠故居的照片。一幅是弓着背踏上露天台阶，另一幅是在画案前，同样也是背影，照片都很木心。2005 年，距离 1950 年来到这里拜见林风眠，55 年过去了。2009 年潘其鎏回国前夕，曾委托笔者专程赴乌镇联系木心，但没有结果。潘其鎏参观故居时，比木心健朗，他几乎快步登上台

[1] 木心作品编辑部编《木心研究专号（2016）· 木心美术馆特辑》，广西师范大学出版社 2016 年版，第 130 页。

▲ 林风眠外孙杰拉德

▲ 潘其鎏在廊亭

阶，还放声一句："林先生，我来了！"然后驻足廊亭，凝视庭院草木，半天回不过神来。木心在《双重悲悼》中写道："一九五〇年秋天，记得西湖白堤的群柳黄叶纷飞，那么是深秋，第一次作为林家的客人……这时我已踏上楼梯，十九世纪戈蒂叶他们去见雨果，也难免是此种心情，最好楼梯长得走不完……这是首次，也是末次，林先生不会看重我，我也不会再来。"[1] 读者费解的，潘其鎏大概都会懂。他们俩如果一起携手踏上这张楼梯，该会讲点什么呢？

2012 年，林风眠的外孙杰拉德首次访华，上海活动之后来到杭州。在上海时有几十家媒体关注采访，十分热烈，但在杭州却出奇的清静，参观故

[1] 木心《双重悲悼》，见《同情中断录》，台北翰音文化事业股份有限公司 1999 年版，第 130—131 页。

居也只是私下进行。杰拉德走进庭院，还未上台阶，突然哭了起来，嘴里喊着："Tina! Tina!" 为什么喊的是妈妈的名字?走进前厅，在一幅林风眠同蒂娜、杰拉德在巴西的合影下，杰拉德指着照片上年轻的自己，像是跟人说明什么。上了二楼画室，坐在外公使用最为频繁的沙发上，又是一脸的凝重。关于别墅，以及别墅的变迁，蒂娜一定同儿子讲了不少，更何况还有一些在别墅拍的照片，所以对杰拉德来说，既陌生又熟悉，感情是复杂的。比较让杰拉德高兴的是，笔者安排他仿照外公坐在廊亭石栏上的照片，也拍了一张。只是匆忙之中，位置稍有差异。

▲ 林风眠在家中

▲ 2012 年，林风眠外孙杰拉德参观外祖父故居玉泉别墅时，仿照外公留影

像所有的名人故居，平常总是清寂的，林风眠故居也是一样。但在林风眠故居，穿过庭院，登上门廊，在楼下楼上徘徊，不知为什么，顿觉人去楼空，怅惘之情特别强烈……

（原刊《澎湃新闻·艺术评论》2023 年 2 月 4 日，原题为《林风眠杭州故居——玉泉别墅的前世今生》）

1930 年林风眠与日本

1990 年，已为九秩老翁的林风眠在东京西武百货店举办其一生最后的画展时，依旧不忘 1930 年日本之行的情景："在东京遇到了横山大观先生以及石井柏亭先生为首的日本艺术家及友人，我们之间进行了非常亲切的交流。"[1]时光荏苒，自林风眠第一次踏上日本土地至今已 90 余年。2021 年是林风眠逝世 30 周年。1930 年，林风眠率团赴日进行艺术教育视察，并在东京举办"中华民国国立西湖艺展"（以下简称"西湖艺展"），这非同凡响的一页如今已到了被翻开完整呈现的时候了。笔者竭力追寻蛛丝马迹，汇集点点滴滴，聚焦模糊地带和曾经风光，特作此文以纪念中国现代绘画的先驱——林风眠先生。

---

[1] 东京株式会社、西武百货店有限公司编《现代中国绘画之巨匠——林风眠作品展》，1990 年。

近走东洋

20 世纪初期，中国和日本都面临着如何吸收消化西洋文化的课题。自江户时代末期开始，经过明治维新改革，日本艺术迅速西洋化。日本艺术界在汲取西方文化的过程中取得了丰硕的成果，这为当时的中国艺术界提供了难能可贵的经验。很多留学生在这一时期东渡扶桑求学，中日两国共同举办联合画展等一系列交流活动，构筑了中日艺术界紧密的关系。

下列这些代表性事件，足见一斑：

1906 年 10 月，李叔同、曾延年进入东京美术学校学习西洋画。

1911 年 3 月，何香凝从东京私立女子美术学校高等科毕业。

1913 年，陈抱一留学日本。

1917 年 5 月，徐悲鸿、蒋碧薇渡日。

1919 年，陈之佛入学东京美术学校图案科。4 月，石井柏亭访问上海图画美术学校。

1921 年，丰子恺游学日本。

1922 年，吴昌硕在大阪府高岛屋百货店举办画展。金城、陈师曾赴日办日中联合画展。

1924 年 4 月至 5 月，在北京和上海两地举行了第三届中日绘画联合展览。渡边晨亩、荒木十亩、小室翠云、平福百穗等 50 名日本画家展出了 200 余幅画作。

1927 年，刘海粟在东京朝日新闻社举办个展。据查，这段时期，中国赴日考察团体增多，特别是各地名牌大学的教育视察团。考察团访问日本的目的主要还是观摩与取经。

交流总是双向的。国民政府计划于 1929 年 4 月 10 日至 4 月 30 日在上

▲ 日本驻杭州领事馆（石函路 1 号）

海举办第一届兼具美育功能和接轨世界的全国性美展，并向日本政府发出邀请，欢迎日本艺术家来华参展。日本外务省命日本驻杭州领事代理米内山庸夫，对美展进行可行性考察。不日，米内山庸夫便亲自前往设在西湖边的国立艺术院的展览会筹备处了解情况，而美展审查委员会的主任正是林风眠。

米内山庸夫完成考察后，1928 年 10 月 12 日在给日本外务省文化事业部的报告中提到：此展是国民政府成立后第一届国立展览会，网罗了全国（中国）一批有影响力的美术家及相关专家参加。在报告中，米内山庸夫还特别提到林风眠将在此美展中展出自己的作品。十天后的 10 月 21 日，展览会秘书、宣传组委员兼审查委员会委员林文铮与审查委员王悦之二人来到石函路

1 号的日本领事馆，见到了米内山庸夫，为日后招聘斋藤佳三为杭州艺专图案系主任、教授，以及赴日考察办展埋下了伏笔。

斋藤佳三

鲁迅先生的《藤野先生》字里行间充满对藤野先生沉郁的感恩之情，而当时的美术界也有一位“藤野式”的先生——斋藤佳三。

根据现存的史料，可考察杭州艺专招聘斋藤佳三的详尽始末。

1929 年 8 月 12 日，日本驻杭州领事代理米内山庸夫上报外务省文化事业部，提出从日方高校聘请教授的申请。

8 月 23 日，日本外务省文化事业部联系东京美术学校校长正木直彦。

9 月 3 日，米内山庸夫收悉外务省关于东京美术学校推荐本校图案专业讲师斋藤佳三的指示。

在短短一个多月的时间里，日方既完成了对推荐对象教育背景与学术水平的查认，又落实了薪金、住房、教学、课时与假期等待遇条件，并确定斋藤佳三于 10 月份赴任。此过程中中日双方态度之诚恳、配合之密切，可以说是跨国招聘艺术人才的一个成功案例。

1929 年 10 月 1 日的《东京朝日新闻》还特地为此做了专题报道，刊登斋藤佳三的肖像。报道称，从日本领事馆到外务省，都对此次国民政府委托推荐教师极其慎重。由此，东京美术学校新锐工艺美术家斋藤佳三便成为民国政府教育系统中的第一位日本教授。

斋藤佳三 (1887—1955)，日本秋田县人，毕业于东京美术学校图案科，曾两度赴德国学习与考察，以追求“综合艺术”为目标，在舞台美术与美术评论、策展等多个领域取得了丰硕成果，享有日本“设计之父”的美誉。斋藤佳三不负众望，在上任后为杭州艺专的现代图案教学做出了开创性的贡献。

1930 年 2 月回国休假时，他不仅主持了由东京都电台举办的一场题为“已经觉醒了的中国美术界——别具一格的西湖国立艺术院”的趣味讲座，还为杭州艺专向日本外务省文化事业部申请到一笔经费，用于购买日本出版的图案学相关参考书。这些书籍无论对师生开阔视野，还是作为教学与创作的重要参考，都发挥了良好作用。斋藤佳三还成了之后中国代表团赴日考察与办展的倡议者，其间的每个环节都倾注着他的努力。

遗憾的是，金价高涨，日方文化事业部要求增加斋藤佳三俸薪，由于中方教育部备案在先，无法临时变动，迫于无奈，斋藤佳三聘期未到便离开了杭州艺专。保存完好的林风眠署名文章《愿艺术在两国交流》，开篇就言及 1930 年新年同乐会上斋藤佳三谈到的“艺术无国界”，林风眠对此极为认同，他认为：“在佳三先生连带的说明，是说我们待他完全同待自家兄弟一样，不但一点没有歧视，并且敬爱有加。这，在佳三先生以此自慰，甚而致于感谢，当然是他个人的谦德；在我们，我们国立艺专的同事们，则以为这是分所当然的事了。我所感动的是更大的一点，那就是，艺术不但在消极方面要竭力消灭国界种族以及人与人间的一切界限，在积极的方面，更要互相感染、互相提携、互相容纳。”这些文字在今天读来，仍能感受到林风眠的胸襟与情怀，他与佳三的友谊就同鲁迅与藤野先生的友谊一样。

同心合力

寻寻觅觅，再来细察林风眠与佳三的足迹，我们可看到他们在当时为促成杭州艺专教师赴日考察与办展所做出的种种努力。笔者有幸读到斋藤佳三遗物中留下的几则日记片段，字里行间洋溢着他对“西湖艺展”所表现出的热情，同时也为我们呈现了筹备期间的详尽过程：

1930 年 3 月 26 日　林风眠院长为首的中方人士和日本领事馆成员及翻译合计 14 人，参加了在新新饭店的晚宴。宴会由我主持，并做了关于赴日展览的报告，大家都非常喜悦。

5 月 15 日　至今还未收到外务省关于展览的正式回复。

5 月 26 日　昨天会议上，大家讨论了日本之行的话题。决定 6 月 21 日，林校长与我等 4 人先期出发去日本。[1]

另外，笔者查阅了日本外务省档案卷宗及有关人士日记、新闻报道等，还原了林风眠赴日的完整过程。

在申请外务省经费之前，还发生过一个小插曲。东京《文艺时报》1930 年 7 月 10 日刊登的“西湖艺展”通讯提到：杭州艺专校长一行来日办展，最初计划经费来源是剧作家长田干彦向大仓财阀申请补助金，因遭百年一遇的席卷世界的金融海啸被婉拒。杭州艺专的年轻艺术家们没有放弃，转而以艺术教育考察名义申请到了经费。

日本外务省卷宗中可查的杭州艺专赴日之行的起始还是林风眠署名的公函。他在其中具体说明了此次赴日的具体事项及考察内容。

三天后，日本驻杭州领事代理米内山庸夫即附林风眠函件上报外务省，指出应重视交流意义，并提及此次林风眠及杭州艺专教师赴日考察于中日双方的意义。

1929 年 5 月，日本方面同意了林风眠提出的考察与办展方案，但没有完

[1] 吉田千鹤子《斋藤佳三与林风眠：未为人知的东美校教授与国立艺术院院长的交往》，泷本弘之、战晓梅编《近代中国美术的萌芽：国际化与交流的趋势》，日本勉诚出版社 2012 年版，第 210 页。

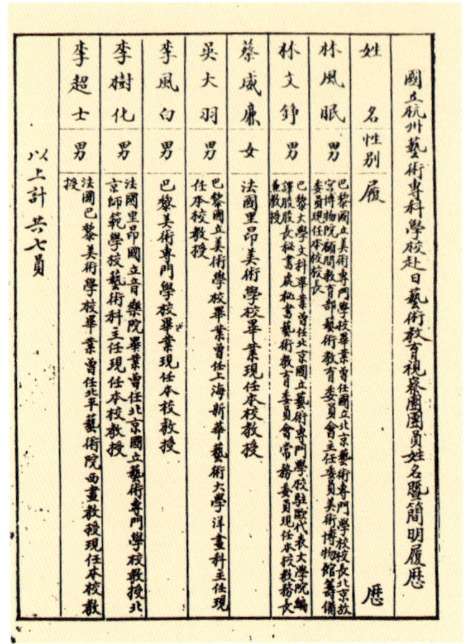

國立杭州藝術專科學校赴日藝術教育視察團團員姓名暨簡明履歷

姓名	性別	履歷
林風眠	男	巴黎國立美術專門學校畢業曾任國立北京藝術專門學校校長北京故宮博物院顧問教育部藝術教育委員會主任委員美術博物館籌備委員現任本校校長
林文錚	男	巴黎大學文科畢業曾任北京國立藝術專門學校駐歐代表大學院編譯股股長秘書處藝術教育委員會常務委員現任本校教務長兼教授
蔡威廉	女	法國里昂美術學校畢業現任本校教授
吳大羽	男	巴黎國立美術學校畢業曾任上海新華藝術大學洋畫科主任現任本校教授
李風白	男	巴黎美術專門學校畢業現任本校教授
李樹化	男	法國里昂國立音樂院畢業曾任北京國立藝術專門學校教授北京師範學校藝術科主任現任本校教授
李超士	男	法國巴黎美術學校畢業曾任北平藝術院西畫教授現任本校教授

以上計共七員

▲赴日考察团成员履历

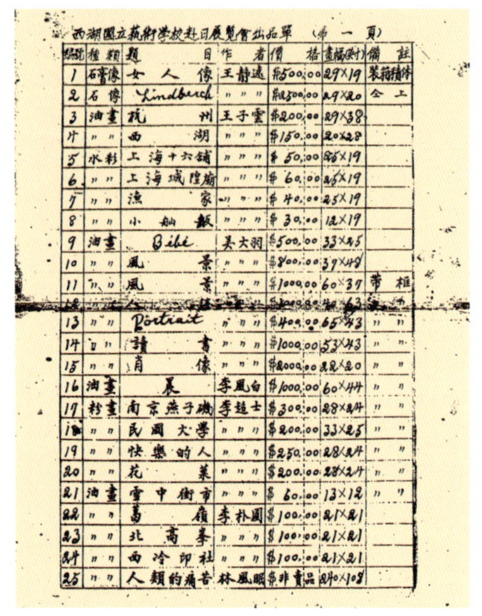

西湖國立藝術學校赴日展覽會出品單　（第一頁）

編號	種類	題目	作者	價格	畫幅(吋)	備註
1	石膏像	女人像	王靜遠	$500.00	29×19	裝箱積件
2	石像	Lindberch	〃〃〃	$2500.00	29×20	仝上
3	油畫	杭州	王子雲	$200.00	29×38	
4	〃〃	西湖	〃〃〃	$150.00	20×28	
5	水彩	上海十六鋪	〃〃〃	$50.00	25×19	
6	〃〃	上海城隍廟	〃〃〃	$60.00	25×19	
7	〃〃	漁家	〃〃〃	$40.00	25×19	
8	〃〃	小舢舨	〃〃〃	$30.00	12×19	
9	油畫	Bébé	吳大羽	$500.00	33×25	
10	〃〃	風景	〃〃〃	$800.00	37×48	
11	〃〃	風景	〃〃〃	$1000.00	60×37	帶框
12	〃〃	[illegible]	〃〃〃	[illegible]	40×63	[illegible]
13	〃〃	Portrait	〃〃〃	$400.00	65×43	〃〃
14	〃〃	讀書	〃〃〃	$1000.00	53×43	〃〃
15	〃〃	肖像	〃〃〃	$2000.00	22×20	〃〃
16	油畫	晨	李風白	$1000.00	60×44	〃〃
17	粉畫	南京燕子磯	李超士	$300.00	28×24	〃〃
18	〃〃	民國大學	〃〃〃	$200.00	33×25	〃〃
19	〃〃	快樂的人	〃〃〃	$250.00	28×24	〃〃
20	〃〃	花菜	〃〃〃	$200.00	28×24	〃〃
21	油畫	雪中街市	〃〃〃	$60.00	13×12	〃〃
22	〃〃	葛嶺	李朴園	$100.00	21×21	
23	〃〃	北高峯	〃〃〃	$100.00	21×21	
24	〃〃	西泠印社	〃〃〃	$100.00	21×21	
25	〃〃	人類的痛苦	林風眠	$非賣品	240×108	

▲1930 年，林风眠一行计划赴日展览展出作品清单

全满足资金补助标准，且限视察人员名额为 7 人。其中林风眠日金 500 元，林文铮等 6 人每人日金 300 元，合计 2300 元。尽管这笔经费远未达到林风眠申请的金额，但却也是此次赴日得以成行的重要原因。

破解谜团

杭州艺专赴日考察与办展一行由校长林风眠率团前往，团员究竟有些什么人，一直以来，众说纷纭，莫衷一是。

作为亲历者的王子云这样回忆：“赴东京的代表团，由林风眠率领，有教授四人参加，其中有音乐系教授李树化、中国画教授潘天寿等。”但他并没有列出全部名单。

据萨空了发表在1930年7月29日《北洋画报》上的《在东京举行之中华民国国立西湖艺展记略》，“赴日团员共有十人，是林风眠、王子云、吴子（大）羽、林文铮、蔡威廉（蔡元培女，林文铮之夫人）、季（李）风白、潘天授、李朴园、袁慰宸、斋藤佳三”。而傅怡静在《国立杭州艺专赴日办“西湖艺展”考论》中提出赴日团员共11人，在萨空了版本上增加了李树化。[1]

林风眠在其撰写的自传中记述：“1930年斋藤佳三建议学校到东京去作暑假旅行，因此暑期期间，用杭州教育考察团的名义，以我为团长，潘天寿、李朴园、王子云、袁惠辰（袁慰宸）等人到东京去旅行……”其中有李朴园。但查核中日有关档案卷宗，尽管历次的申报名单变化过多次，但都没有李朴园在册。笔者再三翻阅所涉及的私人日记、新闻报道，始终不见李朴园在赴日人员之列。同时又将手头的照片一一辨认，并借郑重、朱朴等老先生法眼把关，仍未见李朴园身影。故推测判断，萨空了的《记略》不是现场采访的即时报道，而是闭幕之后记于北平，误传错记的可能性是存在的。而林风眠撰写自传时，距离其1930年的赴日之行已有数十年，写错一个名字，更是不足为奇。

最为可靠的还是原始档案。通过反复细阅卷宗，笔者找到了一份日本外务省名为“国立杭州美术学校林校长外六名”的档案，其中有临时起草的手书东京剧场座位名单，字迹细小，可识别的标题为“7月11日东京剧场”。从字体和书写状态判断，此名单起草时间可能就在7月11日当天，现场感与确切性最强。名单中清楚地记录了出席的人员：第一排：潘天授（潘天寿）、

[1] 傅怡静《国立杭州艺专赴日办“西湖艺展”考论》，《美术研究》2010年第1期，第54—59页。

▲ 视察团成员合影

李树化、李风白、袁慰宸、林风眠。第二排：王子云、斋藤佳三。

在 7 人视察团之外，东京剧场座位名单中还出现了两位“编外团员”——杨士达与高希舜，这又当如何解释呢？

杨士达（1903—1963），广东大埔人，与林风眠是大同乡，曾留法学医。国立艺术院初创时期任校医，并教过法文。此行是以浙江省杭县地方法院法医官身份前往，7 月 8 日至 21 日访问东京区地方裁判所、庆大医学部、千叶医科大等地。虽另有公差，但他与林风眠一行几乎同时段在东京，一起参加一些活动实属正常。

高希舜（1895—1982），比林风眠年长五岁，1924 年参与创立北平京华美术学院，1927 年就读东京高等工艺学校图案科，是被日本人称为“中国画伯”的资深留学生。高希舜成为林风眠这次赴日活动中求之不得的“高参”

是再自然不过的事，考察高希舜留日学习的学校是林风眠一行此次赴日的一项重要活动。

另外，在李树化家属捐赠给里昂图书馆的资料中，发现一张背面写有法文“un hotel japonais juillet 1930”（意为“日本旅馆 1930 年 7 月”）的照片，从中可清晰辨认出的有林风眠、潘天寿、李树化、王子云、李风白。他们穿着浴衣，在回廊上或立或坐，随意自得。

由此我们可肯定，以林风眠为团长的赴日艺术教育视察团的团员有李风白、李树化、潘天寿、袁慰宸、王子云与斋藤佳三。文字证明与照片记录共同佐证，谜团由此解开。

何问西东

日本报纸对林风眠一行的跟踪报道在“西湖艺展”开幕前就开始了。据日本《每日新闻》昭和五年（1930）6 月 22 日刊登的题为《现代中华艺术下月在上野展览》的新闻：在外务省文化事业部支援下，中华民国国立艺术学校西湖艺术院长林风眠、林文铮、蔡威廉、潘天寿、李树化、李风白、王子云、翻译袁慰宸一行预计在本月底抵达东京，并对我国（日本）艺术教育及文化设施进行视察。同时为了推动中日友好，将在上野东京府美术馆举办从 7 月 6 日开始为期 10 天介绍新兴中国画的展览。因为布展等筹备工作的需要，林风眠和斋藤佳三及另二位教授先期于 6 月 23 日从上海出发搭乘“上海丸”号，25 日抵达神户。

《读卖新闻》7 月 1 日有了后续报道，称 12 人分两批出发。林风眠、王子云、斋藤佳三与袁慰宸四人先行前往，原定计划 6 月 25 日自上海启程，后因轮船故障，推迟数日，直至 30 日才抵东京。在抵达东京车站时，杭州艺专一行人还遇到了刚从罗马参加日本美术展归国的横山大观夫妇，记录这一

▲ 1930 年林风眠（左起）、李风白、袁慰宸、潘天寿、李树化与王子云一行于东京上野公园美术馆前合影

珍贵时刻的照片，在彼时频频亮相报端。

“西湖艺展”的图录封面选用的是林风眠的《双鸟图》，水墨淋漓，诙谐幽默，正吻合了中国风格与创新精神的展览宗旨。对照“西湖艺展”展品目录与杭州艺专向日本海关申报的展品清单，可发现二者之间的些许出入。“西湖艺展”计划赴日展出画作数量合计 144 件，实际展出只有 120 件，其中林风眠的中国画小品少了 18 件，卢章耀少了 2 件，陈盛铎、赵人麟、龚必正、斋藤佳三则各少 1 件。绘画作品分别在三个展厅陈列，最受瞩目的第二展厅全部为油画作品，包括林风眠的巨幅油画《人类的痛苦》和蔡威廉、吴大羽所创作的 6 幅非卖品。齐白石的 6 件尺寸相同的花卉与风景画也在展览上展出。林风眠一向喜欢工艺品，特别重视借鉴民间艺术，这次展览除精选一部分文房四宝外，还特意增加了一批农家手工制作的箸笼、麦草扇、芭蕉扇、泥猫等。陈列别厅（第四展厅）的展品则为中国工艺品走向国际市场作了有

益的尝试。

除了齐白石、潘天寿的中国画与林风眠的部分水墨小品之外，展览陈列作品基本以留法教授的油画为主，展示了杭州艺专的总体水平，也是当时中国高等美术学校的创作在日本的首次集体亮相。

那一次文化交流活动，中日双方政要与其外交、教育与艺术、新闻各界名流都踊跃参加。展览开幕时的空前盛况，依旧可以在东京美术学校校长正木直彦的日记和当时的新闻报道中找到蛛丝马迹：

7 月 7 日，午后 2 时去东京府美术馆看杭州艺术专科学校林风眠作品。并参加了中国公使所举办的茶会。

7 月 10 日，《文艺时报》报道：小说家长田干彦以个人名义在东京日本桥矢仓福井楼举办欢迎宴，为林校长一行 8 人接风（8 人中可能包括杨士达）。

現代中華の藝術

來月上野で展覧

▲1930 年 6 月 22 日的《每日新闻》

▲林风眠与视察团成员出发时合影

▲1930 年，东京高等工艺学校大门

7 月 11 日，午后 4 时参加在上野精养轩举办的杭州艺术专科学校校长林风眠为首 8 人的欢迎茶会。与会者美术家、外交家多达 150 人，其中有汪公使、横山大观。

上野精养轩是日本老牌法式餐厅，创办于 1876 年，作为文明开化的标志性地点名震一时。在此招待杭州艺专赴日考察的教授们，可谓是日方的悉心选择，各界名流与会者多达 150 人。日记中提到的汪公使，就是中华民国驻日本大使馆的汪荣宝公使。由汪荣宝公使为林风眠一行举办欢迎茶会，不能不说体现了政府方面的重视与大力支持。

斋藤佳三不但是林风眠等人此次赴日全程的联络官，还处处尽地主之谊，邀请全团成员在其寓所举行家宴，分赠由其设计图案的浴袍，在流传至今的合影中随处可见斋藤佳三全家与林风眠一行其乐融融的情景。据记载，林风眠一行当时经日方安排，七人入住东京前后时间共计 23 天。

“西湖艺展”于 7 月 17 日闭幕。原计划安排参展的中方成员于 18 日从长崎回国。实际上林风眠一行，在日本还停留了十余天，详细行程活动安排未见资料。7 月 29 日，考察团安抵杭州。8 月 1 日，杭州艺专致函日本驻杭州领事馆，对“贵国文化事业部东京美术学校校长及艺术界诸君代达谢忱”，并称“竭诚招待并指导一切高谊隆情无任感激”。至此，历时一月的赴日考察交流与举办画展圆满结束。

余音遗响

对于这次出国活动，林风眠在 1930 年 9 月 15 日开学日对全体师生发表了简况讲话：

在本年暑期，同仁们为了研究艺术教育之设施与方法，曾组织了一个赴日考察团，携带本校教职同仁作品，在日开展览会，成绩很好。此次考察结果知道，就是拿他们历史最久、规模最大、声望最隆的东京美术专门学校为例，同我们的学校比一比，也觉得并没有多少惭色！我们学校，历史才两年多，在绘画、在雕塑、在工艺艺术各方面，已经有了这样很有希望的成绩；如果能够更热诚地、更切实地教学一致努力下去，成绩当然为更好，也就是中国底艺术也将更好——赶得上日本，是不成问题的！[1]

日本应该是除法国之外林风眠一生结缘最深的国家。这次赴日“西湖艺展”及考察活动，交流与画展并举，形式多样，方法灵活，调动了各方的积

[1] 《国立杭州艺术专科学校周刊》1930 年 9 月。

▲徐宗帅与孙孺在日本

极性。不分内外、不分朝野、不分个人与团体的沟通氛围，有力地推动了当时中日艺术的交流。

自明治维新以来，日本开始了其向西方学习的进程，并在一段时间成为中国学习西方的“二传手”。杭州艺专的教授们从西洋取经回来后又东渡交流，这种开放包容的姿态或许正是此次林风眠一行的访日活动震动了整个日本艺术界、教育界、政治界的原因之一。日方也认为，“西湖艺展”已不是以往观念中的中国画展，而是以杭州艺专教授为中心，汲取西方现代绘画精华，向国际社会宣传中国新兴绘画的展览，具有鲜明的现代特色与里程碑意义。

林风眠一行此次赴日的一项重要任务是考察日本高校的艺术教育。东京美术学校和东京高等工艺学校被选为对口交流高校。关于选择这两所学校的原因，笔者认为与斋藤佳三有较大关系，东京美术学校正是斋藤佳三的母校和东家。东京高等工艺学校于 1921 年 12 月设立，在 1945 年 5 月 25 日的东京空袭中，校舍几乎全部被烧毁。东京高等工艺学校的工艺图案科尤具特色。考察团专门前往这两所高校，说明当时杭州艺专虽然深受法国教育思维模式影响，但并没一味囿于法国模式，而是以真诚开放的姿态选择赴日考察学习日本方面的成功经验，这体现了林风眠“兼容并包”的艺术教育思想。

1930 年正值中国近代社会的转型期。彼时各派力量激烈角逐，但社会基本稳定，思想自由，文化多元。林风眠审时度势，与时俱进地投入到艺术教育的洪流中。东瀛之行正是其艺术教育事业中夺目耀眼的一幕，同时也是历史夹缝里的一线曙光。象征中国现代艺术萌芽的杭州艺专成立不久，林风眠就果断地跨出了国门，完成了中日文化艺术交流史上极为重要的一次行动。能以中华民国最高艺术学府年轻校长身份率团赴日视察与办展，不能不说此时的林风眠正是意气风发的时候。如今回望这段历史，仍令人感怀万千，中国美术教育的发展正是一代又一代先贤不断求索尝试的成果，这对今天的我们仍具有一定的启发与指导意义。

（原刊《中国美术》2021 年第 3 期，原题为《1930 年的林风眠与赴日考察团》，孙孺合作）

1930 年林风眠与赴日考察团再考

四年前，在撰写《1930 年林风眠与赴日考察团》[1] 一文时，已得知林风眠的日本挚友斋藤佳三之女式子，分别在 2011 年、2012 年将其珍藏的父亲遗物捐赠给日本东京艺术大学近现代美术史大学史研究中心。当时由于种种原因，这些珍贵史料未能写入拙稿，颇有意犹未尽之感。今年在导师日本大东文化大学教授高桥利郎先生的帮助下，如愿以偿地见到了斋藤佳三的遗物。这批珍贵的史料之中，不仅有象征林风眠与斋藤佳三之间跨越国界的友谊的实物《日鹤图》《海女浴衣》等，还有如实记录杭州艺专赴日办“西湖艺展”的史料，应是新挖掘出来的中日艺术交流史上的珍贵资料。笔者深知，这些史料是林风眠个人艺术活动和杭州艺专前沿和开放教育思想的重要见证。因此，特地寻找历史发生的现场“一碧庄”等。此文是对“林风眠与赴日考察团”相关细节再做一次完整梳理，并探究其意义。

---

[1] 《中国美术》2021 年第 3 期，第 42—49 页。

杭州艺专时的斋藤佳三

斋藤佳三，原名斋藤佳藏，生于日本秋田县由利郡矢岛町。为著名的音乐作曲家、工艺美术家、综合艺术家，被誉为日本“艺术设计之父”。1919年任教于东京美术学校，讲授工艺制作、意匠学及服饰学。1929年至1930年，斋藤佳三应林风眠之邀，执教于杭州艺专图案科。斋藤将东西方的设计与教育理念调和并包，坚持“调和生活与艺术”理念。著有《国民服之考案》等作。

据1929年10月1日的《东京朝日新闻》报道：日方受中华民国政府委托，聘请东京美术学校新锐工艺美术家斋藤佳三任国立艺术院图案系主任一职，这是林风眠与斋藤佳三的忘年友谊的开始。根据斋藤遗留下的残缺不全的书简及日记显示，斋藤佳三是11月2日抵达杭州，19日完成合同盖章手续。

11月19日周二中午，我请袁君（袁慰宸）在楼外楼吃饭，花费2银元。之后，我们去看了租赁的房子，接着又去了岳庙。傍晚时，在领事馆完成了杭州艺专雇佣合同的盖章手续。[1]

雇佣合同具体内容如下：任期两年，月薪300银元，携家属补助100银元，住宿由学校提供。如本人选择租赁房屋，每月可领取房补30银元，每周需完成12课时的教学任务。

---

[1] 《斋藤佳三日记》，未刊本，日本东京艺术大学近现代美术史大学史研究中心，1929年11月19日。

杭州艺专提供如此丰厚的待遇，一方面表达了学校对斋藤佳三的诚意，另一方面也反映了学校紧缺教师的现实情况。

斋藤在杭州艺专上课之余，徜徉西湖，领略湖光山色，流连于文化古迹之间，听评书、弹词，西子湖畔许多亭子、茶楼、庙宇都留下了他的足迹，短暂的杭州生活经历在他的艺术创作中留下了抹不去的印痕。1930年，斋藤执教期间发表了脍炙人口的《西湖湖畔干果子叫卖》歌曲。歌词记录了苏堤和白堤上摆摊小贩吆喝叫卖"桂花白糖条糕"的生动场景，展现了西湖畔独特的风土人情。《西湖湖畔干果子叫卖》发表76年后，东京艺术大学美术馆所举办的"斋藤的轨迹"回顾展现场，在钢琴伴奏下，现场再次响起《西湖湖畔干果子叫卖》，唤起了人们对西湖美丽的想象。

斋藤留存的书简中有一篇题为《中国美术界的印象》的草稿，写在11张辰巳屋旅馆便签及一张国立艺术院稿纸上。全文书写潦草并且多处涂改，应该是为某次演讲所准备的发言稿。纪实性很强，全文翻译如下：

在杭州城区的西面有一片风景如画的湖水，被称为西湖。它被三面群山环绕，溪流纵横，湖中大小不一的小岛零落棋布，其中最大的是孤山。此屿由唐代诗人白乐天所筑，人称白堤。还有条是苏堤，是由苏东坡修筑的。国立艺术院的校园就在孤山的南面。

虽然中华民国终于推翻了千年帝制，但是国内军阀割据，距离全体国民团结一致地迈入文明世界还有相当一段距离。全体国民必须更加努力，为了建设新的未来做好准备，这是孙文留给国民的使命。在国家建设方面，包含各个领域，其中也包括各种艺术研究、艺术创作以及艺术教育机构的建设，这些都是必需的。因此北洋政府时代先在北京设立北平艺专，之后在杭州成立了国立艺术院。国立艺术院的首任院长由之前北平艺专校长林风眠担任。学校设有绘画、雕刻、图案本科专业，并开设音乐专业预科。其中外籍教授有我和来自法国的克罗多。林院长为首及其他教师都具有留学背景，其中几位老师的夫人是法国人。杭州艺专的教授们都非常年轻。以我的年龄在东京美术学校的教师群体中算年轻的，而在杭州艺专的老师们中间，我却是最大的一位。院长比我小五岁，才三十七岁（年龄有误），其他老师年龄与林校长相仿。我甚至有时候，分不清谁是老师？谁是学生？杭州艺专校园内被热情、温暖和活力气氛所包围。

我想谈谈这所学校正在发生的艺术运动。学生们每学期必须将自己创作的多件作品参加“艺术会”。参展作品需经过二轮审查,才能展出。“艺术会”以绘画为中心，风格也是多种多样，有非常严谨的写实主义和古典主义、中国式的浪漫主义、极简主义等等。浪漫主义风格绘画是最多的也是最受欢迎的。非常有趣的是，这里并不区分中国画、油画，将油画和中国画都归于绘画科。无论你是学的中国画还是油画，必须学习如何使用木炭，处理造型、阴

▲ 斋藤佳三《西湖湖畔干果子叫卖》乐谱封面

影。这种绘画教学方式，对于从事绘画教育工作的我来说，是有点疑义的。但是这种新式绘画的展览遭到了传统水墨画家的抵触。因为当今中国画坛的核心人物仍然是吴昌硕、王一亭等传统水墨画家。即使在当今，不仅是艺术家，就连年轻人也不满足于仅此而已。如果没有受过新文化运动的洗礼，必然无法接受立体主义、表现主义。年轻艺术家们都远离所谓白龙山人王一亭这类传统绘画派，选择新式绘画。近年来由于中日联合展览会、中日现代美术展览的举办，日本一流的油画家们，给中国年轻的艺术家们不少启发。最近在上海的展览会上，发现部分画家舍弃了豪放的笔触，而追求类似日本画的纤细、清淡的风格。

说到中国的美术史，第一期为佛教传入中国之前，即古代至汉代是属于萌芽时期；第二阶段为佛教传入之后，是中国艺术成熟时期，即汉代初期至宋代初期；第三阶段是中国艺术衰退时期，即宋代初期至清末。如果用颜色、线条、图案来概括的话，第一阶段是装饰，图案的表现；第二阶段是透过曲线的表现；在第三阶段对事物的描绘，只停留在印象化、单纯化，时至今日仍旧保留了水墨画旧习。由此，年轻人不再满足现状。于是，私立美术学校、研究机构等艺术活动蓬勃发展，上海尤为明显。例如，像中华艺术大学这样五十人左右的私立学校，还有像上海美专，在类似别墅的建筑物内上课。这些都是前所未闻。展览会也方兴未艾，如一八艺社、艺术运动社等，至于未来的中国艺术将会呈现何种面貌以及如何进步发展，目前还完全未知。但是中国是泱泱大国，存在各种可能性，年轻画家将以怎样的叙事方式来创作与本国风土相契合的艺术作品呢？

斋藤佳三以日本人的独特视角，翔实地记录了初创时期杭州艺专的优美的校园环境，年轻的留法归国教授们和朝气勃勃的学生们。林风眠校长秉持“学术自由，兼容并蓄”的宗旨，一时之间各种社团纷纷成立，有声有色，十分活跃。他特别指出，当时杭州艺专最大的特色就是把中国画与油画专业合并，只设置绘画科。中国画教学上，林风眠也试图借鉴西洋画教学让学生接受写实性技法的训练。斋藤佳三之后在接受日本记者采访时，作出预言：中西绘画相互借鉴的教学方式不久在中国土地上“将产生新式中国画”[1]。总之1930年暑期前，斋藤佳三已经在日本主流媒体上为中国新兴绘画的展览“西湖艺展”的开幕做了预热。

“西湖艺展”的筹备细节

斋藤佳三在杭州艺专作出最大的贡献莫过于，促成了杭州艺专教师赴日考察，并在东京举办了“西湖艺展”。

在昭和初期，东京府美术馆无论是面积还是设施，都是当时顶级的。申请在东京府美术馆举办团体和个人展览的都非常多，甚至出现“一厅难求”情况。“西湖艺展”能在众多申请人中“插队”成功，可以说是没有先例。这离不开斋藤佳三居中协调，与外务省东方文化事业部的配合。1930年7月13日，《东京日日新闻》报道称：“由斋藤佳三与斋藤五百枝、玉村善之助、峯岸义一、蕗谷虹儿等人组成的浪漫主义主情派美术会团体。原计划在7月中旬在府美术馆举办展览。但是由于主情派美术会主要成员斋藤佳三的反对，为‘西湖艺展’‘让路’，展览被迫取消，引起美术会内部分离，最终导致团体解散。”可见斋藤佳三为了“西湖艺展”付出了不小的代价。

---

[1] 《已经觉醒的中国艺术界：日本应扮演积极地指导角色；西湖国立艺术学院独有的特色》，日本《都新闻》，1930年2月7日。转引吉田千鹤子《斋藤佳三与林风眠：未为人知的东美校教授与国立艺术院院长的交往》。

在斋藤遗物中还有一封红色的邀请函，非常吸引笔者的目光。打开红色的封套，原来是“西湖艺展”举办之前，林风眠以中华民国国立艺术院院长的身份向日本社会各界名流发出的邀请函。

敬启者：

敝院同人此次前来贵国，旨在考察贵国的艺术教育。我们将于七月八日至十七日在东京府美术馆举办敝院同人的作品展览。非常感谢您在百忙之中抽出宝贵时间,携家人前来参观并提供指导,我们深感荣幸。特此致以最诚挚的谢意。

中华民国国立艺术院院长林风眠

一九三〇年七月四日

正红色的邀请函在指尖摩挲，似乎还能触摸到“西湖艺展”的余温。

杭州艺专教授们受到日本各界欢迎

1930 年夏，杭州艺专赴日考察艺术教育，并在东京举办了“西湖艺展”，为期近一月。考察团成员由林风眠、李风白、李树化、潘天寿、袁慰宸、王子云与斋藤佳三组成，展出了代表当时中国美术的较高水平的作品。

“西湖艺展”引起日本各界人士关注。在斋藤佳三所制作的“西湖艺展”招待名簿中，不乏贵族、公使、校长、艺术家、传媒界代表等。

此次考察团成员之一王子云所记：

他（斋藤）邀请我们到他的海滨别墅去度星期天，并赠送每人一身由他设计印制的浴衣，上面的图案是海边常见的裸体人。……此次在东京举行的

▲视察团成员在斋藤佳三别墅

展览会很成功，展览会开幕和闭幕都举行了仪式。[1]

文字是无法替代图像的。王子云就通过相机记录了杭州艺专教授们在斋藤佳三别墅度假的美好瞬间。林风眠与教授们入乡随俗，身穿衬衫，系着领带，披着斋藤赠送的浴衣，围着小茶几席地而坐。林风眠坐在右侧中间位置，旁边就是李树化。远处的斋藤佳三背靠在椅子上，腿上坐着斋藤的女儿式子，正准备上菜的可能是斋藤的第二任妻子田中孝子。

从王子云现场所拍摄的照片中可见，教授们身穿裸女图案浴衣。笔者有幸在东京艺术大学美术馆库房内，见到了浴衣残件。残件高 36 厘米，宽 49

[1] 王子云《从长安到雅典——中外美术考古游记》，陕西人民美术出版社 1992 年版，第 304—305 页。

▲ 斋藤佳三设计《海女浴衣》残件

▲ 林风眠绘《日鹤图》

厘米，虽然浴衣上布满了大大小小的破洞，白底蓝印的裸女几何图案仍然清晰可见，充满了强烈的摩登风格。轻柔地抚摸着，由棉布制成的浴衣，给人一种非常柔软的触感。7 月的东京正值梅雨季，潮湿闷热，非常适合穿着透气性良好的浴衣。从照片里可知,小茶几上摆满了下酒的“硬菜”和“麒麟”牌啤酒。虽是黑白照片，但仍可看出各位艺术家脸颊红润，似有微醺的状态。从现场拍摄的照片来看，中日艺术家们相谈甚欢。林风眠为表达对斋藤佳三的感谢，借酒兴提笔在和室隔扇上创作了隔扇画，可是此幅作品从未面世，促使笔者特地去寻访。

从未露面的《日鹤图》

2023 年 10 月，笔者第三次造访东京艺术大学近现代美术史大学史研究中心，终于见到了林风眠所绘的隔扇画。研究中心坐落在东艺上野校区的正木纪念馆内。位置很好找，就在简朴的校园大门入口处附近。纪念馆是座水泥建筑，并不高大，但很是幽静。推门而入，昭和之风扑面而来，挑高的天井让不大的阅览室整体看起来很宽敞，也很明亮。因事先有约，芹生春菜馆员已热情地等候笔者的到来。我环顾四周，阅览席的正前方墙上悬挂着东京艺术大学第五任校长正木直彦的画像，淡淡地露着笑意，十分和蔼可亲。他可是欢迎杭州艺专校长及 7 名教授的茶会现场的重要嘉宾。此时此刻仰望着正木直彦的画像，我心中也漾起亲切感。此行最重要的目的就是观看林风眠画给斋藤佳三的障壁画。芹生馆员向笔者介绍：目前林风眠所画的隔扇画已从隔扇上揭下，画芯被卷成筒状，外由厚牛皮纸包裹收藏。在牛皮纸上留有用蓝色圆珠笔笔记“林風眠，鶴襖絵，齋藤佳三”等字样。

林风眠所画的隔扇画上有三只仙鹤，分别前后交叉错落站立着，既有位置对比又有前后相互呼应，形成一个和谐的整体。浓淡参差的墨块，黑黑的眼睛加淡淡的红色的肉冠，加上林氏特有快速带有动感的线条，只用寥寥几笔便准确地勾勒了形态各异的三只鹤。驻足画前，仿佛中间的一只仙鹤正瞄准水中的猎物，伺小鱼靠近，便可痛痛快快地享受美餐。另外两只则站在水边纹丝不动，静静地待猎物经过时，再以迅雷不及掩耳之势捕食。而左侧的一轮旭日从远处升起，与水面构成远近的空间感，再加上画面中大片的留白，表达了一种孤寂、幽静、淡泊的意境。这种画面气息与日本艺术所注重的清淡、素雅的审美倾向类似。林风眠从来不在画上留题跋，甚至无标题，全靠绘画形象来发挥感染读者。这件作品也同样如此，笔者琢磨着画意，擅自将此幅作品赋予“日鹤图”的主题。《日鹤图》画于类似于可移动的木制隔扇上，日本称为“袄绘”。这些隔扇在日本传统的建筑和室内设计中时有可见，是用来调整房间的大小和布局，同时也可以用来增加隐私性，如同中国民居中的隔栅。隔扇通过绘画、雕刻或其他装饰性元素，以增加房间的美观性。《日鹤图》就画于可推拉的隔扇上，因此画面正中两侧留有两个白色圆形轮廓，这正是曾安装过铜把手的痕迹。

叶山寻找“一碧庄”

见证1930年历史的《日鹤图》和《海女浴衣》残件的出现，令人心潮澎湃。驻足两件遗物前，除了震撼，还产生了强烈重返历史现场的愿望——寻找斋藤佳三海边别墅遗迹。

根据吉田千鹤子当时对斋藤式子的采访记录，斋藤海边别墅名叫“一碧庄”，位置在神奈川县叶山。据说别墅建在半山腰上，房子正对着日本天皇夏季疗养行宫“叶山御用邸”，甚至还能眺望远处相模湾。尽管吉田老师提供了关于“一碧庄”一些模糊的资讯，但最关键的别墅详细地址却未留下一言半语。甚至两位当事人斋藤的女儿及吉田千鹤子都已相继离世，这为寻找别墅遗址设置不小的困难。笔者首先从历史文献方面着手进行检索，在东京每夕新闻社编撰的《东京现状》找到了斋藤佳三的人物介绍，文中提到“一碧庄”不仅是作为度假用途，同时兼作斋藤在神奈川的工作室，地址在叶山白石，仅此而已!在调查过程中，笔者还发现一本1932年出版的童谣著作《金风者》，在前言上有“叶山一碧荘”的落款，此书中甚至收录了斋藤佳三创作的多首歌曲。值得一提的是，斋藤的第二任妻子姓田中，这让笔者不得不怀疑《金风者》的作者“田中ナナ”极可能是斋藤的亲戚。此外，书中还包括了作者在“叶山一碧庄”度假的日记。非常遗憾的是阅读全书，也没有找到关于别墅地址的具体记录。眼看文献调查似乎已经山穷水尽，不如换个思路，亲自去趟叶山做一次实地的田野考察。

如今，一提到叶山，日本人首先会想到的是皇室的官邸。自明治二十七年（1894）叶山御用邸竣工后，这一地区成为日本关东地区著名的夏季度假胜地之一。当天，怀着期待的心情，同时也做好了无法找到别墅遗迹的心理准备，笔者从东京出发，坐上直达叶山的电车。根据多年在日本生活的经验，首先应去当地的图书馆查阅1930年的古地图，或许能在标有地基信息的地图上找到有关“一碧庄”一丝线索。一到叶山车站，就直奔图书馆。叶山图书馆的工作人员都是土生土长的叶山人，并且对叶山地形地貌非常熟悉。他们听取了笔者的请求后，迅速行动。二人去库房搜寻旧地图，其他几位去书架上查找记载昭和时代名人别墅的当地资料。一番忙碌后，一位工作人员抱着1930年12月出版的地图走到笔者前。接过地图，笔者急切地翻阅着，搜寻“白石、斋藤佳三”关键词。很遗憾，未发现任何线索。她们似乎感受到笔者内心的失望，便向笔者提供了叶山町文化财研究会会长市川先生的联系方式，说:“联系市川先生吧，也许他能对你有所帮助。”根据市川先生反馈，他所掌握的各方资料中也没有关于斋藤佳三“一碧庄”的相关信息，但提供了白石町的具体范围。叶山町下山口地区的海岸一侧就是白石町，位于叶山御用邸的南侧，靠近横须贺方向的海岸和叶山公园附近，目前白石桥仍然存在。依照“一碧庄”坐落在半山腰上，正对着天皇夏季疗养行宫“叶山御用邸”等描述，笔者做出了“一碧庄”建在“长者崎”山上的初步的推测。由于仍旧没有“一碧庄”门牌号的具体信息，我怀着最后一丝希望来到了叶山区役所的固定资产登记处，试图查阅“一碧庄”的别墅信息，最终却依旧无功而返。寻找史料过程总是充满了未知、不确定性，有时候有点沮丧，但这过程是快乐的。准备离开叶山时候，站在满是度假游客的叶山一色海滩前，笔者感到斋藤佳三的“一碧庄”就像林风眠的事迹一样笼罩着神秘的面纱，不易让人接近。现在找到了林风眠的《日鹤图》下落，这幅画见证了他们的友情。至于“一碧庄”具体在哪里，似乎就显得不太重要了。

“西湖艺展”之反响

根据王子云回忆：“在展出期间，我的油画《杭州之雨》和林风眠的小幅水墨画《海鸟》被东京美术画报选印为彩色版刊出，颇受好评。”[1] 然而笔者翻阅 1930 年《美术画报》未找到相关图片及文章。反而在 1930 年 8 月号《美术新论》中，发现林风眠油画《北平市街》和李风白油画《晨》的黑白照片及关于“西湖艺展”的简单介绍。

杭州艺专以教育考察为名组织前往日本，并非首例。最早可追溯至 1926 年 1 月，江苏省公署发一零五号指令，委派上海美专西洋画主任王济远、艺术教育专修科主任唐蕴玉以及美术史教授滕固等人前往日本考察艺术教育，

[1] 王子云《从长安到雅典——中外美术考古游记》，第 304 页。

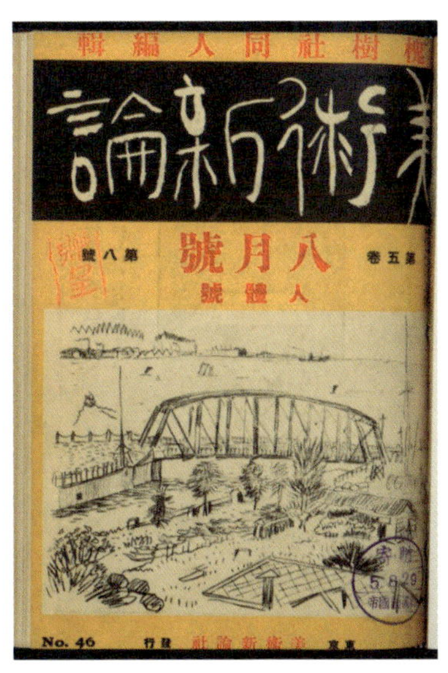

▲1930 年 8 月号《美术新论》封面

但当时并未举办公开展览。[1] 因此，杭州艺专在东京举办“西湖艺展”标志着来自中国的美术学校首次在日本举办展览，仅从这一点来看，“西湖艺展”就具有重要的历史意义。

> 在本年暑期，同仁们为了研究艺术教育之设施与方法，曾组织了一个赴日考察团，携带本校教职同仁作品，在日开展览会，成绩很好。此次考察结果知道，就是拿他们历史最久、规模最大、声望最隆的东京美术专门学校为

[1] 包洋、罗戟《1926 年上海美专等五团体赴日考察活动的追访与分析》，《美术学报》2022 年第 6 期，第 17 页。

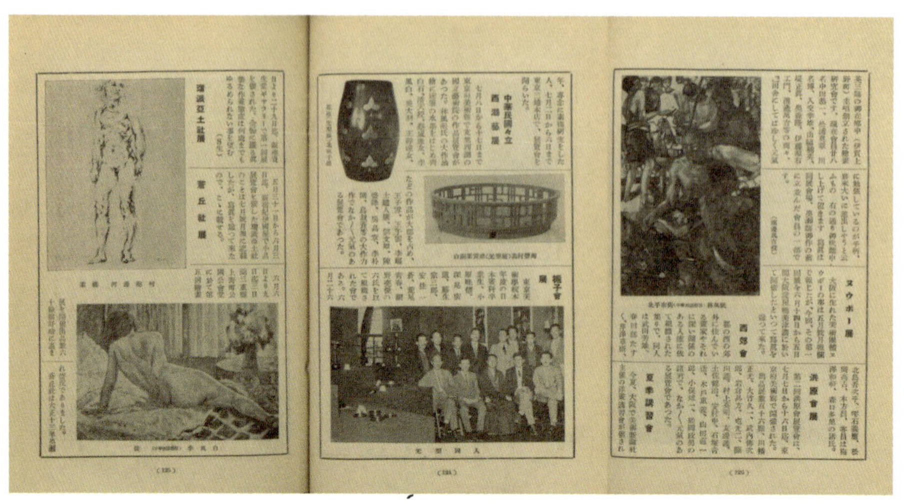

▲ 1930 年 8 月号《美术新论》内页

例，同我们的学校比一比，也觉得并没有多少惭色！我们学校，历史才两年多，在绘画、在雕塑、在工艺艺术各方面，已经有了这样很有希望的成绩；如果能够更热诚地、更切实地教学一致努力下去，成绩当然为更好，也就是中国底艺术也将更好——赶得上日本，是不成问题的！[1]

以上文字是林风眠在 1930 年 9 月 15 日开学日做的校长训词。“西湖艺展”是以当时中国最高水平的国立艺术教育机构——杭州艺专——教授为中心，向国际社会宣传中国新兴绘画的首个海外展览，并具有鲜明的现代特色。也有人将日本的“西湖艺展”看作是艺术运动社的第二次展览。

[1]《国立杭州艺术专科学校周刊》1930 年 9 月。

经历过北京风雨飘摇之后，林风眠离京南下，受蔡元培嘱托在杭州创建了西湖国立艺术院。此时他对艺术运动有了更深刻和更现实的理解。将艺术运动社的宗旨定为“以绝对的友谊为基础，团结艺术界的新力量，致力于艺术运动，促成东方之新兴艺术”[1]。斋藤遗物之中，珍藏着一份主题为中日艺术交流，署名林风眠的小楷墨书《愿艺术在两国交流》：

记得是在西湖国立艺术专科学校（即国立艺术院）的新年同乐会上，佳三先生曾谈到艺术无国界这句话来庆祝大家浮一大白，当时我是很受感动了的。虽然这句话并不自佳三先生创用。

在佳三先生连带的说明，是说我们待他完全同待自家兄弟一样，不但一点没有歧视，并且敬爱有加。这，在佳三先生以此自慰，甚而致于感谢，当然是他个人的谦德；在我们，我们国立艺专的同事们，则以为这是分所当然的事了。

我所感动的是更大的一点，那就是，艺术不但在消极的方面要竭力消减国界种族界以及人与人间的一切界限，在积极的方面，更要互相感染、互相提携、互相容纳的，这一点。……在学校创立的时候，我们得到法国教授克罗多（André Claudot）先生；去年暑假又得到日本教授斋藤佳三先生到我们学校来。他们两位的学力是我们所佩服的，他们两位的人格我们是十分敬爱，他们所得到的酬报可说是很少很少，他们对于我们的热诚，也是我国新兴艺术的赐与，那必然是大到不可言喻的。……日本不特在种族上、在文字上、在地域上、在历史上与中国有很深的关系，即在艺术上，两方面的关系尤深；再说一遍，西湖国立艺术专科学校是以促成东方新兴艺术为职责的，很希望

[1] 林风眠《艺术运动社简章》，《亚波罗》1929 年第 8 期。

日本的艺术界，能像佳三先生一样，同我们共同负起这个发扬东方艺术促进东方艺术的共同责任。对于佳三先生，我们的感谢将有加无已！

《愿艺术在两国交流》指出：近代的中日美术交流都带有相互尊重、相互取长补短的特征。中日毗邻，文字比西洋障碍要少，加之文化风俗相近，林风眠多么希望通过借鉴日本艺坛所取得的成果及中西融合的经验为中国美术变革提供参考。从一个侧面也道出了林风眠为何率杭州艺专教授们赴日举办首个国外展览的理由。同时也表达了对斋藤佳三来杭州艺专任教的感激之情，对斋藤佳三的评价和期望之高确实是溢于言表，可见两人间关系非比寻常。

1929 年爆发了席卷全球的金融危机，由于银元大幅贬值，斋藤的薪酬大幅缩水。斋藤佳三便在“西湖艺展”期间向文化事业部坪上部长及驻日公使汪荣宝提出增俸请求。林风眠针对斋藤薪酬问题，特地向外务省书记官岩村成允说明情况。鉴于银元大幅贬值，所导致斋藤薪酬贬值，表达了歉意。但由于学校经费吃紧，无法满足斋藤的增薪要求，但在未来会设法作出弥补。于是，斋藤佳三不得已于 1930 年 9 月从上海出发返回日本。此后斋藤佳三和林风眠再也未曾谋面。

结语

林风眠将斋藤佳三视为挚友，两位中日艺术家之间的故事浓缩在墨书《愿艺术在两国交流》、袄绘《日鹤图》和海女浴衣里。那一代人留给我们的除了艺术上的丰厚资产，还有人与人之间超越国籍的脉脉温情。总之，今天再考“1930 年林风眠赴日视察团”始末，首先，对前文进行补充。其次，是纪念初创时风雨飘摇的杭州艺专，在林风眠与同仁们的苦心经营下，学校逐渐团结了一大批艺术家来校执教这一历史片段。还有就是自明治维新以来，日本开始了向西方学习的进程，并在一段时间内成为中国学习西方的“二传手”。林风眠通过赴日考察高校的艺术教育，学习日本美术教育的成功经验。与此同时，在东京上野举办“西湖艺展”，借展览推动中日美术的交流与学习。而且，这是首次大规模地在艺术展览会上将中国工艺品及文具展出。这一系列举措体现了林风眠开阔的视野，向外寻找出路的思想。即是为风雨飘摇中的杭州艺专寻找出路，同时也是在为中国绘画寻找出路。

林风眠与日本的联系仍然是一个备受关注的话题，笔者也期待着未来能有新材料的出现。

（原刊《澎湃新闻·艺术评论》，2024 年 2 月 23 日，孙孺合作）

林风眠晚年的两次日本个展

林风眠一生中，在日本举办过两次个展。两次个展之间相隔只有四年，并且都在生命的最后五年里，应该说是林风眠晚年十分重要的艺术活动，而在传记与年谱上，或被忽略，或仅几笔带过，研究领域中也极少涉及。为此，笔者数次专程赴日，踏访现场，调阅资料，请教知情者，填补了两次画展的一些空白，对林风眠经历与创作的研究，或许可以多把钥匙。

林风眠与日本的渊源可以追溯到 20 世纪 30 年代。1930 年暑期，应日本外务省文化事业部之邀请，杭州艺专校长林风眠率团赴日本考察高等艺术教育，举办了“西湖艺展”。当时还初遇了横山大观、石井柏亭等日本著名艺术家。据担任展览会干事的王子云回忆:“到达东京车站时，受到日本名画家、美术界和各大报纸记者的欢迎。代表团被安排在东京最大的帝国饭店。展览会在东京上野公园展览馆举行，展品全是绘画，并且以林风眠的大幅油画为主。”[1] 首次赴日，无论是接待规格、学术交流，还是展览影响，均风光

[1] 王子云《从长安到雅典——中外美术考古记忆》，第304页。

▲1984 年林风眠参加冯叶画展开幕式

而成功。

半个世纪过去，林风眠作为一位历尽风风雨雨，已经远离国家高等艺术院校而独居香港的老画家，以私访的方式参加了 1984 年冯叶在东京举办的画展开幕式，为画展捧场，为冯叶壮胆，没有其他大的动静。但就是这次赴日，让日本友人大桶贵支认识了林风眠，发现林风眠是位潜隐的大画家，并将他引荐给日本西武百货总裁堤义明，成了后来两次个展的新契机。

林风眠在日本的第一次个展，在西武百货池袋分店美术馆举办，时间是 1986 年 1 月 31 日至 2 月 12 日。由西武百货主办，中国大使馆与日本中国文化交流协会助办。中方与其说是机构出面，还不如讲是私下个人在出力。已卸任尚在东京的宋之光大使与林风眠是同乡，还是老朋友，请现任驻日大使章曙为画展题辞“锲而不舍 推陈出新”，以示祝贺，还免费安排林风眠入住使馆招待所。80 年代中期，林风眠的名气不像现在如雷贯耳，不可能得到国内机构的更多支持，也或许是林风眠不喜欢求人。宋之光的出现，算是吉星高照了。

画展图册扉页上印有“60 年画业”字样，如果从留法回国的 1926 年开始至此，已经整整 60 周年，也可谓是从艺 60 年之回顾展。图册封面是 1979 年创作的《芦雁》，自况自喻，或是一种思绪。除林风眠自写的代序外，广东语学者和久田幸助，香港《美术家》总编黄蒙田，林风眠的学生画家席德进、朱德群与吴冠中都有贺辞，确切地讲是选用了部分以往的评论，代为贺辞。1986 年，席德进已经去世，引用了他的评论，注为 1986 春，显然有误。

1986 年，日本西武百货集团，《画业 60 年 林风眠》书影

这次画展共展出作品 78 幅，基本是香港时期作品，其中五六十年代的仅只 6 幅（其中几幅时间还有标错之疑），之前不大画的四尺整张的大幅作品居然有 19 幅之多，十分突出，是这样的尺幅表现这段时间的山水风景更加得心应手，还是考虑适销对路？因为画展开宗明义是卖画的，后者的原因也不能排除。

这次画展有两则轶闻，留下了耐人寻味的痕迹。

查阅资料时，在 1986 年东京一份很有影响的《艺术公论》上发现了一篇推介林风眠画展的文章，作者署名赵宝智。文中，作者引用了苏天赐对林风眠与东山魁夷绘画作品差异的精妙评述。苏天赐认为：他们是一静一动。东山魁夷的画描绘了一种极静的状态，像唐王维的诗“明月松间照，清泉石上流”的意境，让人有种越听越安静的感觉；而林风眠所表现的境界是“星垂平野阔，月涌大江流”，安静的画面之下，却是暗潮汹涌。

赵宝智曾任驻日大使馆公使衔文化参赞。他当时还是使馆文化处秘书，常理推断，这篇文章可能是宋之光大使的授意之作。宋之光早已作古，几经辗转，笔者拨通了赵宝智的电话，之后意犹未尽，还在北京见了面。赵宝智已退休多年，但此事记忆犹新。由于雅好书画与熟悉文化艺术界，赵宝智经常利用业余时间撰文，在日本报刊上介绍中国文化艺术，深受欢迎。继而又在《书道新闻》上开了《中国情报》专栏。当时知道林风眠的人不多，甚至连文化处的人也不清楚林风眠为何许人，但赵宝智完全凭自己个人的理解，觉得林风眠在中国现代绘画史上应有公正的地位。他认为已经大红大紫的名家，不必锦上添花，而对林风眠，寄予格外的同情，不但在自己的专栏上选登了林风眠的两幅作品，以简讯的方式将林风眠画展广而告之，而且还在《艺术公论》上发表了专论文章，这一切都出自个人兴趣爱好，与组织领导无关，与林风眠也不认识。后来林风眠与女秘书来使馆寻他，还有点愕然。林风眠怎么会看到这篇文章，又通过谁找上他，至今还是个谜。在赵宝智的印象中，林风眠不声张，说话不多，是位十分含蓄的人。这时林风眠的画价已经节节攀升，赠送赵宝智画作，应该是份厚礼了，非常看重赵宝智为他所作的一切。据说还是《猫头鹰》，而画展上只有一幅《猫头鹰》。后来赵宝智对黄永玉讲了此事，黄永玉也给赵宝智画了幅《猫头鹰》，这会不会是黄永玉为林风眠对赵宝智的一种嘉奖?日本著名画家加山又造读了赵宝智的专论，也是高度赞赏，认为赵宝智是做了一件应该做的大好事。加山又造是日本当代绘画奇才，勇于创新，走出了一条以重表现、重色彩、强调工艺与绘画相结合的新水墨画艺术之路。

另一则是林风眠邂逅傅抱石之女傅益瑶。

傅益瑶在《我的东瀛岁月》里写道:

有一天，宋之光打电话给我，说林风眠这两天住在他那里，让我有空去坐坐。我去了之后，跟林风眠聊了很多。我发现，林风眠是个很有土地气息的人，这点一般人不容易感觉到。他画的题材都是他小时候感受到的，是纯洁的眼睛所看到，纯洁的心灵所触到的东西，比如他画鹭鸶飞翔的画面，几笔过来，非常传神。现在很多人画前卫的东西，很大的一部分是“做”。刘海粟有的画是用棉花蘸墨画的，他的口号是，只要画好，用什么办法都可以。他是学西洋画的，是从十里洋场过来的人，对结果特别看重。但林风眠不同，他是追求心灵感受的人，小时候在广东农村呆过，鹭鸶飞过，看在眼里，一辈子就忘不掉，所以才画。他画东西可爱，所以经久不衰。好多人都学他，但林风眠是只能膜拜却不可学的人，一学就死。[1]

[1] 傅益瑶《我的东瀛岁月》，上海辞书出版社 2006 版，第 101 页。

“跟林风眠聊了很多”引起了笔者的关注。“跟踪追击”，北京东京遥相呼应，终于捞回了“傅益瑶眼中的林风眠”。傅益瑶随意率性，无拘无束，无意中完成了一次面对林风眠的艺术访谈，录其一二，以飨读者。

傅益瑶对改行特别感兴趣：“林先生，你本来是画西洋画的嘛，为什么改行去画水墨画?”

林风眠这样答复：“当时是有这种风潮，许多在国外画西洋油画的人都改行去画水墨画了。有些人为了画水墨画拜师学艺从头学水墨画。但是我并不是为了迎合这个潮流，因为当时觉得画水墨画能赚钱，而且成本低，所以许多人都去画水墨画。自己并没有这个因素，只是想把自己喜欢的题材用各种各样的形式去画，脑中没有一定要画西洋画、画水墨画、画油画、画水彩画这些条条框框。我就是有一种非常自然的想法，想怎么画就怎么画。”

傅益瑶又问：“那你改行的时候也没有去拜老师，你怎么画啊?”

林风眠反问：“你看我画的画怎样评价呢?”

傅益瑶说：“我看得出你西洋画的功底非常扎实，因为你的线条都是西洋画的线条，非常准确，一看就是画西洋画出身的。”

林风眠笑着说：“的确是这样的。我的基本功是西洋画的基本功。好多画西洋画的人就会想，画水墨画最大的一个问题就是纸，宣纸有好多种，根据宣纸，国画纸的材质，好多人就会想到用墨啊，构图啊。我全都不想，我就是要按照自己的想法画画，画完了大不了失败，这个纸画坏就画坏了。因为我有这个基本功，就是按照这个基本功来画画，没有什么大的失败，画完以后一般还都是比较满意的。”

傅益瑶质疑林风眠的仕女：“你的仕女怎么这样怪，脸上都是妖里妖气，几根线条眼睛总是往上挑，鼻子嘴巴都看不清楚，你画的到底是什么啊?姿态身体永远是扭着的。我们画国画仕女是有章法的，仕女的身材要有比例，姿势要很端庄，可是你画的仕女太怪了，坐没坐相，站没站相?”

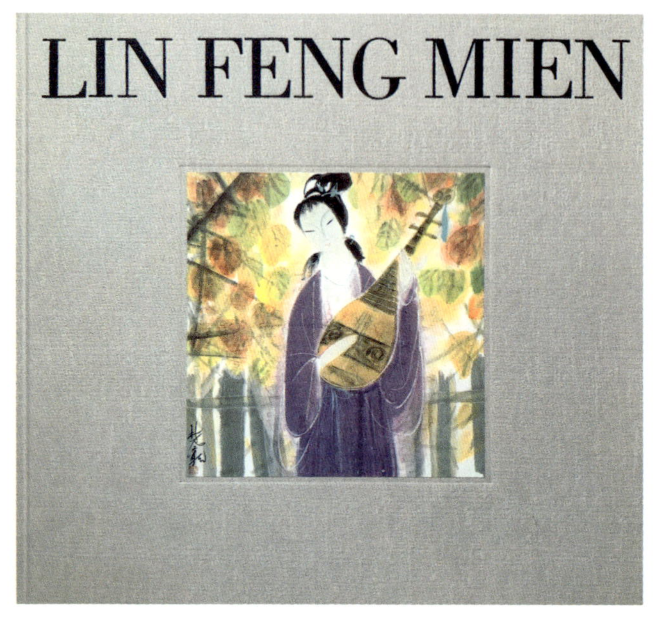

1990 年，日本西武百货集团，《现代中国绘画之巨匠——林风眠作品集》书影

林风眠这样解释：梦里的女人都是这个姿态，这个脸。自己并不是刻意地照模特去画，没有这个人存在，这个人只存在在梦里。

如果说第一次日本个展还是试探性的话，那么第二次的日本个展多了点底气，由日本西武百货与 NHK 电视台联合主办，展览地址仍在池袋分店美术馆，时间是 1990 年 12 月 8 日至 20 日。不久之前的 1989 年 10 月，林风眠刚在台北开过九十回顾展。90 岁的老人，这么频繁，并且亲自奔波举办画展，在世界艺术史上也是罕见的。

展览画册封面为 1990 年的新作《仕女》，除了林风眠的自序外，还有苏立文的序，都是日文，没有中文对照。林风眠自序，主要内容基本上与上次个展画册的自序相同。

苏立文的序言可能是翻译自英文。1995 年出版的《林风眠研究文集》中，苏立文的同一英文文章，由冯叶译成中文，标题为《林风眠——中国现代绘画的先驱者》，只是冯叶译文作了处理，内容没有按原意翻译。1999 年出版的《林风眠与二十世纪中国美术国际学术研究会论文集》中收有苏立文的《向林风眠致敬》（英文），编者在《内容提要》作了说明：本文是作者为林风眠 1989 年 10 月台北画展的展览目录而作的序言，其中译文曾在台北一家报纸上发表。其实苏立文也有文字注明，翻译成中文为："原是为画展作序，但在目录付印之前没赶得上，所以后来只在台北报刊上发表过。"是谁译的，发在什么报刊上，待查。经过核对，《林风眠——中国现代绘画的先驱者》与《向林风眠致敬》，是苏立文的同一篇英文评论。2010 年出版的《林风眠诞辰 110 周年纪念国际学术研讨会论集》最末一篇是苏立文的《对林风眠的一点敬仰》（英文）。美术史论家苏立文，20 世纪 40 年代在重庆担任英国使馆文化官员时，就已开始关注林风眠的艺术，并且几十年来从未中断。

1987 年 6 月 30 日，苏立文还在学生、也是林风眠研究专家的高美庆教授的陪同下，与太太吴环一起前往香港太古城金枫阁拜访了林风眠。1989 年时能为林风眠写出如此高瞻远瞩的评论，既是一种研究延续，又是一种理论升华。

这次展出作品总共 80 幅。四尺整张的 14 幅，参考出品（不予出售）有 7 幅，其中 1989 年创作的 14 幅（四尺整张的 4 幅），1990 年创作的 10 幅（四尺整张的 3 幅）。在题材上，增加了第一次个展没有的静物 7 幅，都作于 80 年代。一位 90 高龄的老人，以年迈之躯，不顾舟车劳顿，亲赴日本举办画展，并且展出的作品相当部分都是近年赶制的新作，可见艺术生命之旺盛，创作激情之澎湃。特别是风景画作，笔触奔放，色彩斑斓，淋漓尽致，炉火

▲1987年6月30日苏立文、吴环夫妇拜访林风眠于香港太古城（高美庆摄）

纯青，在艺术史上都是空前的。其中不予出售的7幅，正是山水风景，是林风眠自认为满意的精品。

朱朴的《林风眠年谱》对这次画展是这样记载的：“此次展出的作品大都是他在两个月内不停地创作而成。其间，即使作品完成了99%，也会因为最后一笔不合意而把作品撕掉。从头绘画的事情时有发生，终于他画到身体不适而入院留医。出院后又立即继续创作，最终把作品完成。”[1] 林风眠确确实

[1] 朱朴编著《林风眠全集》第5册，第292—293页。

实在拼着老命赶画，虽然他也曾说:“画即使不能够卖出，也不是问题，我只是关心有没有人欣赏我的作品罢了。”但是话这样讲，卖画还是本意，从画展展厅的选择，到画展策划的框架，都商业味浓浓。晚年在香港的五千个日日夜夜，林风眠的画笔一直没有离手，就他的勤奋与专一，作品数量自然可观。赴港初期，林风眠为了生存而画，复活旧画多些，情有可原。移居太古城之后，对香港已不再陌生与隔离，“靠卖画生活在香港要饿饭的”已成过去，为自己而画情不自禁，特别是在山水风景中胸襟荡荡，思绪万千，笔墨汹涌，色彩奔腾;而裸女曲线婀娜，顾盼生辉，充满生命的礼赞，在日本的两次个展中都可圈可点。地理环境上的松绑，并不等于身心的完全解放，在人际关系的处理上，林风眠也时时陷入无奈之中，身不由己，在作品中也流露出来。画展中的仕女、静物，与上海时期已有落差，力不从心显而易见，其中观音之类，不能不说有点流俗，难免有逢迎之意。

香港专栏作家蒋芸在《我想念我爱》的《大丰收》中，对画展有这样的描述:以 90 高龄，再访日本，林风眠大师亲上电视，这次他在日本的画展，真叫日本爱好艺术的人着迷，而他上电视，也成了 NHK 的一件大事，水银灯照射之下，老人家面对主持、翻译，及观众，斯文淡定，笑容可掬，一点也不以为意……这都是鲜光的一面，NHK 的访谈成了林风眠这次画展的亮点。

1986 年在东京见过林风眠的人说林风眠土，土得掉渣;而收看过林风眠电视节目的人，却讲林风眠洋，是洋极了。其实讲得可能都没错，林风眠身上确实就有最土与最洋的，无论是他的形象、衣着、理念、谈吐，还是气质、修养、情怀、志向。讲起来还有点心酸，作为联合主办方之一的 NHK，还是十分抠门，让林风眠上的是《午夜播报》节目，时间是 1990 年 12 月 10 日 23:30—11 日 00:27，访谈主持人是山根一真与道傅爱子。林风眠在可数的几句对话中，仍然道明了自己的美学思想:“美丽的地方总是在线条里面，表现在变形里面。”8 个月之后，林风眠就离开了人世，林风眠一生最后的鲜活形象留在了日本。

在繁华的西武百货池袋分店与逼仄的美术馆之间徘徊，困惑与感伤时时袭来。林风眠的画展在此举办，总感到有点美中不足，特别是学术支持、艺术交流的缺席。此时的林风眠已衣食无忧，没有生活所迫，怎能像一般职业画家那样在打工呢?林风眠的苦衷何在?据林汝祥的女儿林友穗说，风眠伯一直都没有老态龙钟，也没有离开人世的任何迹象，但毕竟是 90 岁的老翁，晚年接二连三的画展，两赴东京，两去台湾，疲于奔命，太累了，更累的可能还是心。如果画画是为人间留下美，可以死而后已；那么以画换钱，钱用何处?林风眠的日本两次个展留下疑团不少，人们不禁会问：画展的终极目的是什么?

（原刊《澎湃新闻 · 艺术评论》2020 年 6 月 3 日，原题为《林风眠晚年的两次日本个展，有哪些令人费解之处?》，孙孺合作）

林风眠台湾行

▲ 席德进绘林风眠像

林风眠 1977 年到了香港以后一直深居简出，极少与人来往，特别是初来乍到时期。但也有例外，那就是席德进的出现。

席德进是台湾画家，毕业于杭州艺专西画系，1945 年至 1947 年受教于林风眠。1979 年上半年，席德进来香港举办画展与老师林风眠晤面，正如席德进所说：“我不知道林先生住在香港何处，我无法与他单独会谈，谁都无法与他直接取得联络，多少人想见他都被婉拒了。能三次与他会面，对我这个学生来说，已是最幸运的了。”席德进还讲道：“第二次是他来看我们的画展，偶然相遇，我顺便为他画了一张速写，没想到大画家竟做了我的模特儿，我的手没打抖，心却是慌张的，感受是复杂的，所以画得不好。”

席德进是位有心人，不但感恩有心，而且责任上肩，将与老师的重聚叙旧开启为弘扬林风眠艺术的新起点。视野开阔、激情澎湃的艺术家，不但不负栽培，而且雷厉风行，以不到半年的时间，就在台湾出版了《改革中国画的先驱者——林风眠》。这本书在林风眠研究中是具有里程碑意义的。全书分“我在香港会见林风眠”“林风眠的艺术”“林风眠的教学法”“林风眠的生平”“林风眠中文、英文、法文年表”，还有林风眠各个时期彩色 32 幅与黑白 39 幅的作品。在后记中还特地注明：本书所载文章大部分给林先生过目、认可。

就影响而言，席德进最早将林风眠带到台湾地区，并不夸张。这本书从生平、艺术、教学与作品方面全面介绍了林风眠。席德进对老师艺术思想的理解与阐述，深刻而又明晰：“作为一个革新家的林风眠，不仅要了解宋元，更要深究汉唐，以及广大的中国民间艺术；不仅要透彻了解西方美术，还要研究原始艺术；熟悉整个人类文化的演进，然后从人的根本上寻出创造的动

▲ 林风眠与席德进

▲ 1979 年，台湾雄狮出版社，《改革中国画的先驱者——林风眠》书影

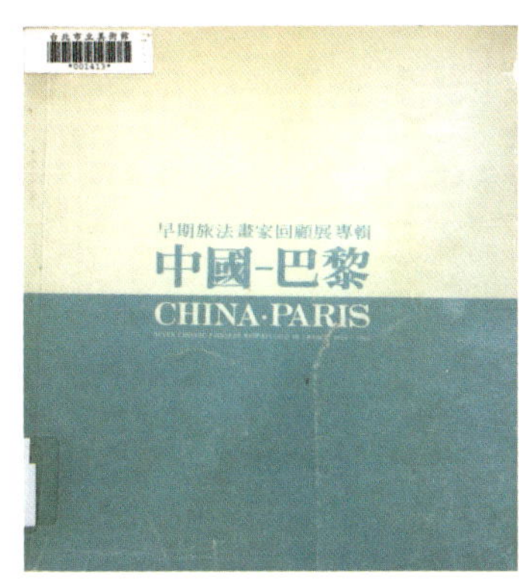

▲ 1988 年，《中国 - 巴黎（早期旅法画家回顾展专辑）》书影

机、表现的法则，最后才综合中西之长，而决定如何下笔。传统国画家是从艺术中找艺术。他是从生活中、自然里去寻找艺术。”

学生写老师，又得到老师的首肯，真实性与权威性都是无可置疑的。

1981 年席德进病逝，林风眠立即撰文《老老实实做人　诚诚恳恳画画》悼念，除了痛惜之外，感激也是显而易见的。

进入 80 年代，中国大陆的改革开放有了长足的进步，但台湾地区毕竟已是“亚洲四小龙”之一，全球性的文化艺术交流已相当频繁，艺术视野比较开阔，对老一辈艺术家的认知自然捷足先登，根据近现代美术史梳理有代表性画家作品举办画展已蔚然成风。如比较有规模的，1988 年在台北市立美术馆就举办“中国—巴黎（早期旅法画家回顾）”。1918—1960 年的美术史，重点评述的画家自然绕不开林风眠。画展上林风眠的作品总在最显著的位置出现，并且多多益善。艺术评论界也是人人争说林风眠。林风眠的学生苏天赐认为评论林风眠最为到位的评论家，其中之一就是台湾师范大学的何怀硕教授。何教授

▲林风眠与何怀硕

在 80 年代中期就曾陪同国外来宾在香港拜访过林风眠，林风眠一直是他心目中近现代中国画八位大师之一。

在民间，被经济沃土滋润着的画廊像雨后春笋，而有无林风眠作品展示、评定也成了画廊的档次的标准之一。

曾出品《中国现代主义绘画的先驱者——林风眠》的陈秀丛回忆当时订购林风眠画作的经过："最早我因从事贸易生意，经常去看林风眠的展览，一直很喜欢他的画作。直到 1989 年台北历史博物馆举行他的九十寿辰回顾展时，我原要预订他的作品，透过黄慈洽商但没有谈成交易，所以台北历史博物馆那批 30 多张画最后我没买到。"惋惜之情，至今仍在。

席德进去世了，但林风眠在台湾的北平艺专和杭州艺专两校的老学生有近百人，他们对老校长都情谊深长。曾任台北“故宫博物院”副院长的李霖灿在20世纪80年代初期就已与老师林风眠有了联系，还曾喜获老师远自巴西特地寄来的赠书，对于在台湾与老师重聚更是延颈以待：“就是能在尘埃落定之后，余生未罄之际，我们大家还能够聚集在您的身边，不说千言万语，却只是喊一声老师老师……”[1]

同样在台湾的杭州艺专第一届第一名毕业的郑月波回忆学生时代，特别赞赏校长林风眠的教育成果：校长当年以最开放的风气，让学生自由创作，曾树立艺术学校良好的典范。

林风眠一向低调，不事张扬，但这并不等于自己的艺术创作不希望得到公众的关注与同行的认可。数十年的贬抑、曲解与打击，渴望理解与公正，也是天经地义。

林风眠在台湾还有一些身居政要的老相识，如陈立夫、杭立武、郑彦棻几位，都曾以书信联系。上下对林风眠的热情空前，一群老学生的千呼万唤，更是催人启程。而林风眠又居住在与台湾畅通无阻的香港，真是天时地利人和，赴台已是水到渠成。

1989年10月3日下午3时30分左右，林风眠抵达台湾桃园中正机场。林风眠的十几位学生前来欢迎，师大教授何明绩说：“老师是老了，个头也小了些，唯一不变的是他的笑容。”身着黑灰细格外装，戴着一副眼镜的林风眠表示：很高兴到台北，感谢台北历史博物馆为他办回顾展，也带来作品请大家指教。有些老朋友在台北，希望可以见见他们。以前我们还年轻，现在都老啰！

---

[1] 李霖灿《我的老师林风眠》，见郑朝、金尚义编著《林风眠论》，浙江美术学院出版社1990年版，第44页。

林风眠第一次踏上了祖国宝岛——台湾，项佩花环，笑容灿烂。

为林风眠来台举办九十回顾展，台湾媒体连续进行了三次配发大幅照片的报道，反响相当热烈。

回顾展总计 90 幅作品，创作时间跨度自 1937 年至今，题材涉及山水风景、戏剧人物、花鸟静物和仕女裸女。近期巨幅新作有《噩梦》与《痛苦》，林风眠表示这是在自由、平等及博爱的理念下，很自然地完成了这两幅大画的。

台北历史博物馆为画展印制了大型画册《林风眠画集》、一套 12 帧的《林风眠画集明信片》，还挑选了 4 幅作品印制成复制品，自展览开幕以后就供不应求。几十年后，笔者走访台北历史博物馆时，一位经历画展的老馆员还回忆起请林风眠在复制品上签名落款的情景，老人是有求必应，不厌其烦，仁爱慈祥的印象极深。

回顾展 10 月 5 日在台北历史博物馆“国家”画廊开幕。据说由于原展厅悬挂有蒋介石像，林风眠要求展出时取下，意见没被采纳，于是换了展厅。

回顾展开幕式由台北历史博物馆陈癸淼馆长主持，黄少谷、郑彦棻、施金池和画家何怀硕等四百多人参加。黄少谷和郑彦棻都是林风眠的老朋友，三人在会场相见，激动不已。

施金池向林风眠颁发了台北历史博物馆最高荣誉的“荣誉金章”和奖牌。林风眠被簇拥在鲜花之中，表示：希望多给他一点时间，继续画出他的感受。本着“活到老学到老”的精神，林风眠此行特别期盼和艺术界交流作画经验，不断向前进，永远在探索。

林风眠还寄语青年：“我的这个时代已经过去了，我赞成年轻一代应全面接受外来文化、与时代前进，就像小溪纳支流于大河，中国文化也要能够变成海洋文化。”

回顾展隆重热烈，盛况空前，参观人数打破了台北历史博物馆历年的纪录。不但台湾，香港报刊也作了大量报道。

7 日上午，林风眠拜会“文化建设委员会”，主委郭为藩以一件郭明桥的番莲花景泰蓝、明清书画集和 21 本地方美展的画册赠予林风眠。

同日下午，台北历史博物馆安排邀请著名画家刘国松讲解林风眠的绘画，题目是《从林风眠大师的创新思想谈起》，其实这也是为回顾展所作的独特导览。而林风眠兴致勃勃参观了外双溪“故宫博物院”。

9 日下午，林风眠与艺术界人士话家常，讨论艺术基础训练方式、创作心得及中国现代绘画的发展方向，又将回顾展活动推向了一个新高潮。

在《收藏林风眠声浪一波波 欣赏林风眠话题角度多》的标题下，《民生报》报道了冯叶对画展作品出售的说明：这 90 件作品，一部分是借回来，一部分是林老的收藏，少数则为她所有；林老和她这两天接到不少希望购藏作品的电话，因此原则上可以割爱的仅约十幅……早期的作品是无法出售的。

在台湾的 9 天（3 日至 11 日）行程，活动安排得满满的。除了沉浸在老学生重聚的温馨之中，更惦记着另一些老朋友。

▲ 林风眠

▲ 林风眠与郎静山的相聚

林风眠探望了对他有救命之恩的被软禁的张学良，未见照片，未见详细报道，但林风眠多年夙愿以偿，不能不说是人生最大的快慰。1938 年，林风眠曾在湖南沅陵凤凰山探访被软禁的张学良。知恩图报，也是林风眠的一贯做派。

报间纷传的照片是林风眠与郎静山的相聚。两位艺术老人精神矍铄，散淡之态可掬，叙旧可以从 20 年代开始。郎静山在中国摄影界有着教父一般的地位，1928 年就首拍裸女，并且锐意创新，坚守传统，“最现代的、同时又是最中国化的”革新摄影与林风眠的现代绘画，心有灵犀。

林风眠当然也没忘了先期移居台湾的几十年的知心朋友无名氏，见缝插针，约在丽都饭店共进早餐，还表示这次时间太仓促，将来拟悄悄秘密来台湾小住两月，再邀老友长谈。

知情人士透露，在九十回顾展研讨会上，还有林风眠讲话录音。关于回顾展的详细史料，需要向台北历史博物馆的展览组了解，结果取到了展览组的联系人名字与电话，但还是没有收获。客观上讲是时间久远，而且，台北历史博物馆的展览归档与保存，以及查阅程序，还是有些内部规定。

另外，苏立文曾为林风眠九十回顾展画集写过一篇序言，由于邮路关系没有及时到达编入，其中译文曾在台北一家报纸上发表，笔者一时还未查到，托朋友再查，也无所得，深觉遗憾。

九十回顾展非常成功，可说是林风眠在世时最具规模的个人画展。

1991 年的重访台湾可谓是锦上添花，同时也是林风眠艺术人生的隆重落幕。

3 月 22 日，林风眠抵达台北。对于这次赴台领文艺奖特别贡献奖，林风眠说:“我还是只能用‘开心’这两个字来形容获奖的心情。九十一年来，这是我第一次获得肯定艺事的奖励，而且是中国人颁发的奖，我真的很开心，大家对我这么好。这次来台湾，主要就是为了领奖，我希望将奖金捐给台北历史博物馆，我第一次来台湾就是在历史博物馆展览，有特别的感情，希望这笔奖金能发挥作用，让更多艺术活动得以发展。”

笔者曾联系台湾文化事务主管部门档案室与文化艺术基金会，确定 1991 年 16 届“文艺奖”当时还归教育部门设立的“文艺基金管理委员会”颁发，查阅有关史料应该改到教育部门档案室。但档案室，还不对大陆人开放档案查阅。我要求先查阅 1991 年 16 届“文艺奖”的存档情况，也是一时无着落。档案科经办人罗小姐十分负责，愿意为我继续寻找，并留邮箱联络。

报纸上是这样报道: 16 届“文艺奖”颁发，郝柏村先生为表示对文艺工作者的敬意，一改过去在台上颁奖的做法，而走到每位得奖人面前颁奖，令得奖人倍感温馨。91 高龄画家林风眠以多年来对绘画艺术创作的贡献，荣获特别贡献奖，他不但专程来台领奖，而且特别把奖金 20 万元悉数捐给台北历史博物馆，资助台北历史博物馆举办艺术活动。

从 22 日到 26 日，短短 5 天，林风眠多次以“开心”两字表达自己的心情与感受，一直沉浸在幸福之中。老学生们还为老师设宴庆贺，细心的学生将林风眠上次来台的活动照片收辑成册，送给老师作为纪念。学生们说：“在老师面前，我们都像是高三的学生。”

无名氏更是忍不住紧握林风眠的手，连连道：“林公，你真伟大！你真伟大！”

20 世纪 80 年代后期，大陆也是频频传来为林风眠申冤的信息和希望他回去看看的邀请。

1988 年时任浙江美术学院院长肖峰就曾邀请老校长重返西湖，回母校参加校庆 60 周年。林风眠的回复：当然想回去，感谢杭州故旧好友的盛情，回杭之事，以后再说吧。在 1989 年林风眠 90 诞辰即将到来之际，北京和杭州准备开展纪念活动，肖峰又打电话告知林风眠，林风眠还是明确表示“不同意”。还在冯叶写好信后，自己亲笔强调：“首先感谢大家的好意，但年纪大了，所以不同意举行以上一切活动。”似乎十分果决，没有了商量的余地。

1989 年 11 月初，由中国美术家协会艺术委员会和中国艺术研究院美术研究所主办“林风眠艺术研讨会”在北京举行。

12 月，由林风眠家乡梅州客家联谊会邀请浙江美术学院、上海画院、上海美术馆在新落成的梅州大会堂举行“林风眠画展”。接着，移至北京展出。

根据吴冠中回忆：“几乎同时，在北京也举办了林风眠画展，但筹备草率，展出作品不多，且不够整齐，又不见宣传，知道的人甚少，一代大师之展如此冷落，连开幕仪式也没有。总算出现了李可染、刘开渠及我送的三个花篮聊慰寂寥。与台北相比，我们愧对林风眠。”

进入 90 年代，大陆对林风眠的拨乱反正也在紧锣密鼓进行。1990 年第 2 期《美术》封面就是林风眠的《静物》，开辟了《林风眠专辑》，推出了苏天赐、蔡若虹、翁祖亮与丁羲元在林风眠艺术研讨会上的论文。中国艺术研究院美术研究所主办的《美术史论》不甘落后, 将 1990 年第 2 期编成《林风眠研究特辑》，封面封底插页全是林风眠作品。为了纪念林风眠 90 寿辰，浙江美术学院在 1990 年 10 月还出版了由郑朝、金尚义编的《林风眠论》。如果这些期刊书籍林风眠都能读到的话该多好，不但会给他带来莫大的慰藉，也会消除他的余悸！

1991 年 8 月 12 日，林风眠在香港逝世。无名氏在悼文中感叹:“我总觉得，风眠一生虽坎坷，但现今辞世，应无遗憾。因为，他不仅被公认为二十世纪中国美术史上最伟大的画家之一，而且享受了高寿，瞑目之前，又亲见亲闻举世对他伟大艺术的肯定，作为一个毕生视美术为宗教的艺术家，他还有什么遗憾呢?”[1]

林风眠先生逝世三十周年前夕完稿

[1] 无名氏《忆林风眠片断》,《无名氏散文》，浙江文艺出版社 1998 年版，第 251 页。

踏访大佛段

一个普普通通的地方，与一个人连在了一起，就会让人一直萦绕在心，这就是林风眠重庆时期的居住地——南岸弹子石大佛段。

除了李可染、吴冠中、苏天赐、赵春翔与谭雪生对此有零星简略的文字记录之外，就无名氏有较为详细的介绍，成为林风眠重庆期间的孤本写照。半个多世纪过去了，这真是个想去又不敢去的地方，所以将它放在了追寻路上的最后一站。大佛段究竟还能给人留下些什么？

笔者抵达重庆，曾分别与当地陪都史学者龙红、廖科先生晤面，希望能得到指点。他们在林风眠研究上都下过功夫，也有研究论文问世，特别是合作撰写的《林风眠重庆“隐退”质疑》颇有影响，但问及林风眠居住过的南岸弹子石大佛段时，他们都没去过，可能是研究方向不同，侧重于档案资料挖掘，没有同时并进田野考察。

笔者打开了地图，·先定位南岸弹子石，再指向大佛段。地图放大之后，无名氏路经的龙门浩、玄坛庙、五桂石等等地名，一一出现。当然现在无须像无名氏那样雇马驮行，要走两个多小时。依照导航，笔者坐地铁过江。南岸坡陡山高，绿树丛中已是高楼林立。在上新街站下，换乘出租车，穿过繁忙的街区，弹子石的路牌一闪而过，车子停在了大佛段正街。

大佛段的详细居住地址，林风眠自己亲笔写的也有不同的两种：一是大佛段 61 号附 8 号；二是大佛段后街 68 号。时代在变，城市在变，路名门牌，也只能是参照。对于大佛段而言，笔者可能是位不速之客。

在街头询问，答复令人失望：要么不知道，要么说已拆建。继续往大佛段正街深处走去，蔬果摊、杂货摊遍地，满目伞棚，窗破门斜，杂乱不堪，荷担背篓者不少，已进入城乡接合地带。简陋的茶肆还在，如果坐下来，或许会听到一些风土轶事，但正事还没着落呢，脚岂能停下？

边走边看，何去何从，不经意间，在一条巷口墙上，一块快要掉下来的小路牌“大佛段后巷”，赫然入目。原来是街，现改为巷？愣了一下，就进去了。这条巷太窄了，伸臂可以够到两边墙面。房子千姿百态，但一样的破旧，处处是危房。没有几步就要转弯，并且时要拾级而上，有点晕头转向。不见行人，只得自己仔细查看门牌，核对房子。先是 7 号，然后 60 号、64 号、67 号，就是不见 61 号与 68 号。怀疑错了，后巷不是后街。正像无头苍蝇，团团转时，一位 60 多岁的大姐（简直就像是林风眠派来的特别向导）的出现，才柳暗花明。

大姐说自己出生在这里，土生土长，像这样的老住户，这一带没有第二家了。这条巷只有 88 个门牌号，牌号错落，次序混乱。不过地形一直没变，房子改建，屋基依旧。这是个早就要拆而未动手的棚户区。

哪来的运气？如此的邂逅。

笔者说，70 年前一位画家在这里生活过。

她问，他怎么不来？

笔者答，他去世了，如活着的话，115 岁了。

看来询问门牌意义不大，应该设定大的目标。

▲ 大佛段后巷入口

▲ 大佛段后街原居民大姐

▲ 仓库院内门口“大佛段后巷 68–1”的陋室

▲ 仓库院内外望

笔者问，这里有仓库吗？

她竟然指指背后的围墙说，里面就是牙膏厂的仓库。

笔者再问，围墙是老的吗？

她说，小时候看到的是篱笆，里面的房子都动过。

这是大佛段后巷唯一一块大场地，又有仓库的沿革历史，引起了笔者的关注。绕着围墙慢慢走过，墙基都是巨石砌成，接缝考究。已经废弃的墙门洞开，青砖门柱外的石墙气度不凡，与“军政部”仓库亦可暗合。墙柱上没有门牌，院子里已经乱得不成样子，靠近门口是一间屋顶漏光没门的砖房，门框上钉着一个门牌，居然是“大佛段后巷68-1”。那么整个墙门院子应该是68号，仅街改巷，完全对上了。根据无名氏的记述，这个位置正是门房与“林公馆”。站在院子里的大树下，望着门柱外面，高低不平的台阶，蜿蜒而下，可以一直通到江边码头。那里停泊的船只，劳作的男女，都曾进入林风眠的画面。

非常感激这位大姐指点迷津，请她在老树和旧磨旁拍照留念，背景就是大佛段仓库的原址。假如笔者是大佛段“林公馆”唯一的踏访者，大姐应记第一功。她出生时，林风眠肯定已经离去，但父辈可是林风眠的邻居。在小路墙角，林风眠或侧身相让，或打个招呼，十分寻常。林风眠的接地气，人样儿，可能就在这些瞬间定格。

几千里的寻访，在这类似拾荒者的院落盘桓，既没有林风眠的手泽可以触摸，又无林风眠的足迹可以细察，更没有林风眠的什么遗物可以甄别，有的只是咔嚓咔嚓的拍照声，留下了大佛段仓库的沧桑印象。不算太晚，还没拆建，不是荡然无存，无影无踪。有了这些照片，与没有这些照片，还是大不相同。这个斜坡，这个墙门，叠起的石块，丛生的青苔，大佛段仓库是实实在在的历史遗址，只是舞台尚在，主角已经退去。

林风眠为什么离群索居，选择南岸？

谭雪生在《真正的艺术家——林风眠》中有一段叙述：“我初识林先生时，是在1941年，他已离开学校和抛妻别女，孤身隐居于重庆南岸弹子石的一间简陋的民房里已经两年。天天要跑警报，回来便画画，还要自己料理生活，已经相当艰苦。后来连能够跟他谈话和跑警报的赵蕴修[1]学长和我都离开弹子石了，他的房子被房东收回，又搬到离市镇更远的大佛段，住在荒山一间废弃的仓库里，就只能每天面对一位看仓库的老头，毫无共同语言。为了节省时间来作画，他只好每一次步行到镇上买备足够的肉菜馒头等来解决一周的饮食。后来老赵再回弹子石探望林先生时，看见他处于那样恶劣的环境，问为什么不设法改善一下自己的生活，但他却不在乎地回答说：'抗日期间，政府有困难，大家都过着艰苦生活，例如大名鼎鼎的老舍先生，每天吃饭只有一碟青菜，吃完后把菜汁用开水一冲就当汤喝，抽烟也只是两角钱一包的神童牌香烟，他能够这样过，我为什么不可以这样过呢？'"

赵蕴修当时在弹子石警官学校教美术，是与林风眠走得最近的学生。选择在弹子石居住，是赵蕴修的关系，可能性很大，只是至今未读到赵蕴修有关的文字记载予以佐证。但先居弹子石后迁大佛段，还是可以坐实的。

重庆时期的经济来源，林风眠 1971 年 12 月 8 日在上海看守所写的自传是这样讲的："我于 1939 年初由上海经海防、河内、昆明赴重庆，到重庆后，由陈布雷介绍任伪政府政治部设计委员会委员，这是挂名职务，记得只在张治中部长时曾召集设计委员会开过一次会，参加的人多，记得有一百多人。我每月到部会计科去领薪水，对抗战没有做过什么工作。记得 1943 年，政治部将设计委员会取消，我又由陈立夫介绍到伪中宣部去挂名宣传委员职务，每月到部里去拿薪水，宣传部有一艺术处，搞电影及戏剧的工作。"

李可染在《一位真正的艺术家》中写道："最初在周总理和郭沫若领导的政治部第三厅，下面有一个设计委员会，林风眠和老舍都是设计委员之一。

[1] 赵蕴修（1915—2002），雕塑家，广东台山人。20 世纪 40 年代初毕业于杭州艺专，后随刘开渠当助手。

每月有二百元的生活补助。后来第三厅取消了，这二百元也没有了，所以林先生的生活很艰苦。”

林风眠居住大佛段，是不是赵蕴修的关系，现在还无从考证。林风眠毕竟还是位名士，有皇粮可吃，不至于穷困潦倒，走投无路。落脚大佛段，与其说是从校长位置下来的自我救赎，还不如说是深居简出生活方式的选择。林风眠的性格，这个时候不会喜欢沙坪坝的场面，相当自然。由于某种机缘，从弹子石到大佛段，也都顺理成章。仓库空房，可以免费居住或低价租赁，简陋无妨，节俭清静，正中林风眠下怀。

重庆时期在《林风眠传》中有整整一个章节，是林风眠生平猜测颇多的阶段。艺术创新可以循序渐进，也可能茅塞顿开，突破点到底在哪里?至今研究者还没有扎实详尽的论证。但这里汇集着自然与人文，东方与西方，水墨

▲ 林风眠重庆时期画作

与色彩，线条与笔触，偶然与必然的大碰撞大发酵，都不置可否。中西融合的这颗种子落在了这里，孕育滋养，破土发芽。巴山夜雨，江河东去，一方水土养一方人，也照亮了现代中国美术的新启程，大佛段荣幸地成了“风眠体”的孕育地。圣地不需要修饰，废墟还在，气息就在，画作俱在，精神永在，其余一切都可付诸空阔的念想。

踏着台阶下去，回到了嘈杂的市嚣之中。

重庆的房地产业，改革开放以来，日新月异。近几年开发更注重文化搭台。沙坪坝一带，文化名人的宣传铺天盖地，徐悲鸿、张大千、傅抱石与丰子恺等，都在为了房地产贡献余热，而大佛段还是被遗忘的角落，林风眠仍在隐逸之中。大佛段会建“林公馆”吗?边缘化争议多是林风眠的宿命,大佛段静好。

附记:又多少年过去了,还念着大佛段。现在大佛段后巷极有可能已夷为平地，高楼耸起。不奢望将仓库遗址改造成林风眠纪念馆，如果有心人手下留情，保存一截残壁断垣，嵌块牌子，上面写着:画家林风眠曾居此处。足可慰藉先生在天之灵。

（原刊《澎湃新闻·艺术评论》，2022 年 1 月 5 日，原题为《寻访“风眠体”孕育地：重庆大佛段与林风眠往事》）

林风眠在哪里

——三上慎终堂

▲ 林风眠祖墓碑文

2010 年 4 月, 第二次去林风眠先生的故乡梅县白宫阁公岭，跟林风眠侄女林素玲一家都熟了，还由其子家华陪同上山祭扫了林风眠的祖墓。祖墓是林先生出钱修的，墓碑上不但刻有“主葬孙绍琼字风眠”, 还有“曾孙女蒂娜”。据 90 多岁的林先生弟媳钟氏回忆，她的娘家明山村还有林先生祖父亲手凿刻的磨盘。我们兴致勃勃，立马开车翻山越岭前往。在一座屋子外墙脚跟，果真静静躺着磨盘，极为普通，但我们还是惊喜不已，细察布满青苔的凿纹，并揿下快门（现在这磨盘已请进了林风眠纪念馆)。也就是这次比较深入的接触，林家向笔者透露了不少鲜为人知的内情与意愿。

▲ 徐宗帅与林汝祥女儿林友穗

一

2008 年，也就是林风眠逝世十几年之后，为实现将伯父林风眠骨灰（当时传为暂置道观）移至老家入土为安的心愿，林素玲丈夫刘国山与儿子林家华曾赴香港访晤与林风眠毗邻而居的族亲林汝祥，并恳请林汝祥就近转达冯叶。林汝祥说，自己跟冯叶也不大见面，还是由他们自己直接写信给冯叶为好。至于骨灰具体置放何处，没有告诉他们。后来他们多次去信冯叶，却石沉大海。再以挂号信寄出，没有退回，看来冯叶肯定已收到信，只是不愿回复。过了两年，他们仍不甘心，才有了笔者陪同家华再赴香港寻找林风眠骨灰置放处之举。

2010 年 11 月 26 日，笔者偕同家华启程赴港，对寻找林风眠骨灰置放处充满期待。到了太古城金枫阁，见家华并没有联系妥当，而是在外徘徊了一阵子，有点忐忑不安。当然在周边漫步，想都是林风眠走过的地方，还对着13楼的阳台拍照，也是收获。家华关照要买点伴手，立即照办，然后就候在金枫阁大门口，等有人开门出来，才闪身进去。电梯到13楼，G室是林风眠的房号，不少文章中都曾提到，印象极深。铁栅折门上挂着手柄朝外的两把雨伞，隐约可见门板上贴着一张类似百子图的喜庆印刷品，就像林先生还没有出门一样。家华揿了贴隔壁H室的门铃，开门的是家华认识的林汝祥女儿林友穗。进屋、入座、上茶，我们才如释重负，因为毕竟事先没有电话预约，是撞上来的。

客厅阳台面海，墙壁上是林风眠四尺整张的山水风景画，绝对的精品，充分体现了主人与林风眠的深厚情谊。据林友穗讲，这是林风眠为祝贺乔迁之喜画赠林汝祥的。现在林汝祥已经卧床，没有见面。林友穗非常热情，也很谦和。从两套房子同时购买谈到林风眠的去世，都有我们闻所未闻的故事与细节，彼此还留了电子邮箱与电话号码，气氛十分融洽，就是还没有切入正题：寻找林风眠的骨灰安放处。临别的最后一刻钟，家华用粤语说了什么，林友穗进了里屋，然后和丈夫黄先生一起出来，谈话才进入我们最为关切的正

▲ 慎终堂

题。林友穗说，林老的骨灰与她祖母的骨灰安放在同一幢楼。听到是“楼”，格外震惊，那么多年以来的“置放道观”，是误传？林风眠去世近二十年了，骨灰置放何处，一直十分神秘，就连香港原来身边亲近的人都不知道，自然也无从祭奠。林友穗的透露，显然是看在乡情难却的份上，经过慎重考虑的。黄先生是个十分仔细的人，打开电脑地图，又将寻找的路线讲得清清楚楚，我们实在是太感激了。

翌日，我们在柴湾地铁站坐上出租车直奔歌连臣角火葬场。盘山而上，沿途看到华人坟场，其中也有豪华的墓地，总会联想林风眠骨灰归宿何处最为理想。在火葬场大门口下车，沿着弯弯曲曲的小道，拾级而上，终于见到了建在山顶的慎终堂五座。没有电梯，我们急不可待地一口气登上了七楼，凭栏俯视山山水水，如在云端。慎终堂其实是一幢墙葬大楼，在密密麻麻的碑石墙中来回穿梭寻找。这里集中着成千上万的亡灵，统一规格的大理石碑，一律旋上四颗螺丝钉。更想不到的是林风眠的灵龛比周围的人更简洁更朴素，

▲登高远眺香港城市风貌

▲林家华于林风眠灵龛前

碑石上没有照片，也没有插花扁瓶，碑文隶书镌刻："梅县林公风眠之灵龛。生于庚子年十月初一日吉时，终于辛未年七月初三日巳时。"不能再简单了。林风眠除了年轻时春风得意外，几乎一生都在逃与躲中度过，甚至作品上的签名都难以找到。去世之后，难道灵魂还得隐居高山，藏而不露?这里作为林风眠的归宿，人们会有什么评论呢?是冯叶的刻意，还是林风眠的遗嘱?火葬场没有供应香烛与鲜花，我们只能怀着一颗虔诚的心而来，带着沉重的思绪而归。家华下了楼梯，又跑了上来，在林风眠灵龛前再次鞠躬磕头，依依不舍离开。在火葬场办事处，家华以家属的身份查询了林风眠骨灰的置放情况，置放申请人：冯叶，穴位编号：B5/S10259。

此行澄清了林风眠骨灰存放道观的误传，大师在哪里有了回应。更为可喜的是揭开这个角，追寻林风眠路上又照进了一束新的希望之光。

二

香港之行，林素玲明白自己的力量太单薄，应联手巴西堂姐林蒂娜来完成迁移骨灰叶落归根夙愿。于是委托笔者协助，委托书中明确寻找的目的，一是延续家族亲情，二是商讨将香港骨灰移葬家乡。经过两年的奔波（留待另文），在巴西知道林风眠女儿林蒂娜已于 2008 年逝世。她的儿子杰拉德终于在 2012 年 12 月踏上了中国的土地。事实证明，林风眠没有后人的断言是错误的。

在上海林风眠外孙杰拉德首次访华的欢迎会上，几十家媒体记者采访报道，但最应该出场的人没有露面。经各种渠道联系，送去请柬，冯叶还是没来。人们不禁要问，在报纸、展览、电视上曾经频频曝光的林风眠义女怎么啦？

对冯叶的冷漠与回避，杰拉德并不感意外，毕竟在巴西一起相处过，知根知底。遵照母亲的遗愿，将外公的骨灰从香港迁移出来，乃是杰拉德此行的目的。12 月 13 日，笔者与美国朋友 W 陪同杰拉德飞往香港，抵达之后即赴坟场火葬场市区办事处，又出现了意外。经查，已经批准了冯叶关于林风眠骨灰迁移的申请。根据规定，冯叶可以在三个月内随时办理迁移，其他任何人都不可再介入。尽管杰拉德出示了自己的出生证（证中注明他的外公是林风眠），但管理人员还是说，唯一的办法只有联系冯叶，与之沟通。林风眠骨灰在此隐居二十年，在这节骨眼上却要动了，是对付杰拉德，还是一种巧合，真是百思不得其解。当晚杰拉德与笔者同室而眠，除了要求买瓶水外，一言不发，非常沉闷。笔者一直在想象明天的情景，如果冯叶已将骨灰取走，那么杰拉德面对的会是一个空穴……

在去哥连臣角火葬场的路上，还是 W 考虑周全，特地在花店停下，选购了四束黄白菊花，让杰拉德捧上。原来一个机构曾承诺在香港全程陪同，

风眠外孙杰拉德献花

▲ 杰拉德在其外公林风眠的香港旧居门外

并负责联系媒体报道，不知什么原因，临时撤销，措手不及，只能成为三人行的私下活动。下车后，W 照应杰拉德，笔者跑在前面，一边带路，一边摄像。从镜头里看着杰拉德沉重的步子，铁青的脸色，林风眠做梦也想不到他的外孙会来这里，走得如此艰难，又这样孤单，这样冷落。

登上慎终堂，笔者抢先跑上七楼，一看究竟。谢天谢地，林风眠灵龛依然未动，急切呼叫杰拉德上来。望着碑石，除了“林风眠”三个字，杰拉德当然目不识丁，但可以感受到周边的环境，凝视着外公的碑石默默站立，又低头沉思许久，不知心中想的是什么。盘桓碑前，设法鲜花如何摆放，一脸无奈，最后只得放在地上，靠着别人的灵龛，与外公的灵龛上下相隔甚远，真是为难杰拉德了。

祭奠结束，在火葬场办公室打听信息，了解到申请批准是 10 月 23 日，也就是说，冯叶必须在 2013 年 1 月 23 日前完成迁移，否则申请失效。

下山之后，又到太古湾道 18 号金枫阁拜访林汝祥女儿林友穗，得到热情的接待，听到不少独家信息，特别是林风眠去世之前的健康与生活状况，还有金枫阁购房的全过程。但她作为林风眠遗嘱执行人之一的林汝祥的女儿，对遗嘱却说一无所知。据杰拉德透露，林风眠前后曾立过两份遗嘱，前一份对他们比较有利，但生效的是后一份。对于遗嘱，杰拉德的话很多，愤慨不已，声称要与冯叶“斗争”。其中的复杂，自然一言难尽，如要解决，要走非常漫长的法律程序。眼前杰拉德还是不能敲开外公香港旧居的门，只能在门外，靠在墙上，一脸茫然。笔者揿下了快门，这张照片，冯叶若看到，有无恻隐之心？

三

2013 年 1 月，笔者再度赴香港查阅林风眠资料，住在香港大学柏立基学院。高美庆教授就近来访，谈及前些日子冯叶也在香港。14 日晨起，突然觉得冯叶在港与骨灰迁移会有关联，立即电话哥连臣角火葬场办公室咨询。果真如此，林风眠的骨灰已被迁移。庆幸杰拉德早来一步，不至于无法祭拜，失望而归。80 年代后期，林风眠的作品在香港报纸杂志上已经铺天盖地出现，作为一位画家影响之大，无与伦比，但身后骨灰存放如此隐秘反常，又长期不能入土为安，又闻风转移，其现象之诡异，不得不引起人们的猜测与质疑。林风眠传奇一生，扑朔迷离，但仍有轨迹可寻，而去世之后，亲生女儿连父亲的骨灰放在哪里都不知道，可谓是今古奇闻。

眼见为实，笔者买了一束黄菊花，赶紧上路。车子飞奔，人间有故居，天上有阴宅，林风眠在慎终堂七楼长达二十余年，是最为特殊的岁月，购置这个空穴，另镶石牌纪念林风眠的想法在脑中一闪而过。

三上慎终堂，这次独自一人。望着满墙排列有序的碑石间一个黑洞，怅然若失，趋前瞻仰，空空如也，唯有编号照样鲜红。将黄菊花一枝枝插入空

▲徐宗帅于林风眠灵龛前

穴，摆弄疏密有致，前后得体，如滋养着大师的艺术甘露，灿灿有神。简单的仪式无法排遣伤感，不禁长叹一声：大师不知何处去，唯留空穴插菊花。

悻悻下楼，听管理人员讲起，约两周之前，一位高个子的女士独自来办理迁移骨灰。并且还说，骨灰盒长方形，呈绿色，好像是陶瓷质地，挺沉。管理人员还亲自帮她提携下山。女士还携有一个相机与两只杯子。

据火葬场办公室工作人员说明，墓穴属香港特区政府资产，安葬死者必须是香港公民，预约排队销售，不能定号，体现公平，每穴 2800 港元。林风眠是生时节俭，死也节俭。

四

笔者曾阅一份林蒂娜亲笔签署的由中华人民共和国驻里约热内卢总领事馆公证的全权委托书（委托人为苏天赐和金尚义），其中提道：“一九九一年

▲上海福寿园林风眠墓地

他临终前，在医院已口不能言，用铅笔在纸上写道：‘我要回家……要回杭州……’现在，我父亲骨灰尚存在香港道观，没有下葬，希望有一天能归葬杭州，完成他临终遗愿。”

回归西湖，是林风眠的遗愿，也是两代亲属多年的夙愿。骨灰迁出之后，人们一直关注有关动态，希望冯叶对社会有个合情合理的交代，林风眠毕竟是一位公众人物。

冯叶在父母去世之后，没有联系杰拉德，自作主张将林风眠的骨灰与其父母的骨灰一起安排，都安葬在上海青浦福寿园文化名人园。此消息经关良的家属透露，又向同济大学咨询，来源可靠。笔者闻讯之后，2014 年 7 月 8 日赴福寿园，得到证实。在陵园管理处查到了林风眠的坟墓编号，管理员还派电瓶车将笔者送至枕霞园。

陵园开阔，树木扶疏，在枕霞园池边，首先映入眼帘的是关良的雕塑头像，这是关良夫妇的墓。毗邻就是简约不露的林风眠与冯纪忠、席素华的墓，一前一后，一白一黑。林风眠的墓碑白色，阴文镌刻“林风眠”签名，基座与盖板黑色。除了林风眠生平介绍，还有两任妻子的名字，这大概是出于冯叶的“周到细致”。遗憾的是，林风眠任北平艺专与杭州艺专校长的时间有误，都提前了一年。据说，坟墓设计出自同济大学王伯伟教授之手。此处名人云集，更有老友相伴，林风眠是不会再孤独了，但这符合林风眠生前本人的意愿吗?冯叶的安排，无疑是让杰拉德将外公与外婆的骨灰合葬西湖，实现蒂娜的夙愿落空。

也有人认为，林风眠在上海的生活时间最长，还是其艺术生命的黄金时期，安息上海，是理想的归宿。

据目前的了解，还没有任何法律文件明确，冯叶有最终处置林风眠骨灰的权力。特别是在林风眠外孙杰拉德来到中国之后，已经通过媒体，广而告之，根据遗愿要求将置放香港的林风眠骨灰迁移杭州的情况下仍然这样做。

（原刊《澎湃新闻·艺术评论》2021 年 8 月 12 日，原题为《林风眠逝世三十周年之问：魂归海上，是先生之愿吗?》）

辑二

现代之美
——傅雷艺术评论历程初探

在近现代中国绘画史中，傅雷跟黄宾虹与林风眠的交集现象，颇引人注目。学界评述比较多的是将傅雷与黄宾虹，或者傅雷与林风眠并列，这样将傅雷与黄宾虹、林风眠分开讨论似乎条理最为清晰，说明问题也最为纯粹，往往是重前轻后。但根据笔者多年来对林风眠追寻的感悟，总觉得将三人放在一起讨论，更加合情合理。虽然可能会有争议，错综复杂了点，或许似风马牛不相及，但一旦厘清脉络，潜在关联毕现，一条现代之美的通途就会隐约可见。

傅雷是位翻译大家，译作等身；也是位教育家，《傅雷家书》家喻户晓，在此不必赘述；作为艺术评论家，也时有提及，但总嫌不够全面，没有比较完整的系统评论。笔者认为，傅雷是20世纪杰出的中国现代艺术评论家，其成就并不会逊色于翻译事业与家庭教育，完全可以独立于艺术史而光辉熠熠。

庞薰琹与傅雷有通家之好，庞薰琹的儿子、画家庞均这样谈论傅雷："傅雷是父亲在法国的好友，傅雷是个极有才情的人。英文比英国人好，法文比

▲ 1930 年，张弦（左一）、张韵士（左二）、刘海粟（左三）、傅雷（右一）拜访巴黎国立高等美术学院时合影

法国人好，中文从古文到白话文都好得不得了。傅雷非常欣赏父亲，也最理解他。他写了一篇很有意思的文章《薰琹的梦》，我们如果不去翻史料的话是不容易看到的。”[1]

学贯东西，与其经历息息相关。傅雷 20 世纪 20 年代末赴法留学，无论是主修文艺理论，还是名作观摩，与画家交流诸多方面，从他撰写的文字中都得到证实。特别值得强调的是，傅雷对法语掌握的纯熟，为其艺术评论奠

[1] 庞均《儿子眼中真实的庞薰琹》，《美术报》2016 年第 1 期。

定了坚实的基础，这可能是三四十年代艺术同仁中无人与之比肩的原因。笔者游走欧洲，深切体会到由于语言障碍，学术交流至今依然是肤浅交流有余，而深入学术不足。所以傅雷对西方艺术流派及其作品的解读与认识，会特别扎实可信，而其评论，都有其独到之处，格外深刻，并非人云亦云。语言普遍是留学者的短板，在历史叙述中多含糊其词，其实这是在外求学交流的硬核，深浅攸关。

傅雷不但学养深厚，而且是位充满艺术激情的评论家，《致刘抗》1961年7月31日中提道："生平自告奋勇代朋友办过三个展览会，一个是与你们几位同办的张弦（至今我常常怀念他，而且一想到他就为之凄然）遗作展览会；其余二个，一个是黄宾虹的八秩纪念画展（一九四三）（为他生平独一无二的'个展'，完全是我怂恿他，且是一手代办的）。一是庞薰琹的画展（一九四七）。"[1]这三个画展各有特色，横跨三四十年代，傅雷担当的是名副其实的策展人角色，分别撰写过画展前言与导览说明：《我们已失去了凭藉》《观画答客问》与《庞薰琹绘画展览会序》，其中除了朋友情谊之外，更多的是彰显了傅雷深邃的艺术见解。

张弦（1898—1936），浙江青田人，1922年毕业于上海美专，后赴法入巴黎国立高等美术学院学习西画，1927年回国任教于上海美专，1929年再度赴法，1931年回国，1936年病故于温州白累德医院。张弦是一位傅雷放不下的朋友，更是一位才华横溢的画家。读一读傅雷评论，既可欣赏这位类似常玉的画家作品，又可享受如诗的美学阐释："在技术方面他已将东西美学的特征体味融合，兼施并治；在他的画面上，我们同时看到东方的含蓄纯厚

[1] 傅雷著、傅敏主编《傅雷文集》（书信卷），上海远东出版社2016年版，第36页。

▲ 庞薰琹《如此巴黎》，纸本水彩，1931 年

的线条美，和西方的准确的写实美，而其情愫并不因顾求技术上的完整有所遗漏，在那些完美的结构中所蕴藏着的，正是他特有的深沉潜蛰的沉默。”[1]

还有，傅雷总是擅长将绘画与音乐交融评论：“那沉默在画幅上常像荒漠中仅有的一朵鲜花，有似钢琴诗人萧邦的忧郁孤洁的情调（风景画），有时又在明快的章法中暗示着无涯的凄凉（人体画），像莫扎特把淡寞的哀感隐藏在畅朗的快适外形中一般。”[2] 可以说，傅雷还是一位最富有音乐感的艺评家。

张弦遗作展览会于 1936 年 10 月 14 日开幕，原定 18 日闭幕，后延至 22 日闭幕。开幕式上，上海美专校长刘海粟致辞，中央研究院院长蔡元培演说，名画家王济远、潘玉良等 200 余人出席，是一非常隆重成功的画展，首次显露了傅雷的策展能力与评论水平。

傅雷对庞薰琹是非常推崇的，除了 30 年代就写过《薰琹的梦》外，又为画展的作品撰文赞赏：“盖庞氏寝馈于古艺术者有年，上至钟鼎纹样，下至唐宋装饰，莫不穷搜冥讨，故其融合东西艺术之成功，决非杂糅中西画技之

[1] 傅雷著、傅敏主编《傅雷文集》（艺术卷），第 278 页。

[2] 傅雷著、傅敏主编《傅雷文集》（艺术卷），第 278—279 页。

皮表，以近代透视法欺人眼目者可比。”[1]

这次画展，出于对傅雷的感激，庞薰琹也留下了文字：“关于我的展览会的一切，傅雷全包了，例如裱画、做镜框都由他去找能工巧匠，几十只细条小圆角的红木画框，无人不称赞。请柬是由他设计，寄发，中间附了一篇他写的介绍文章……”[2]天下哪有这样的艺评家、策展人，对艺术家这么热情，对艺术品这么热爱?唯一能解释的只能说是，傅雷怀有对艺术信仰般的真诚。

如果说张弦和庞薰琹是傅雷一起赴法留学的同道者，情谊深长，观念相似，志向相同，乐于相助的话，那么为黄宾虹办展，缘起何处?

傅雷认为：“以我数十年看画的水平来说：近代名家除白石、宾虹二公外，余者皆欺世盗名；而白石尚嫌读书太少，接触传统不够（他只崇拜到金冬心为止）。宾虹则是广收博取，不宗一家一派，浸淫唐宋，集历代各家之精华之大成，而构成自己面目。尤可贵者他对以前的大师都只传其神而不袭其貌，他能用一种全新的笔法给你荆浩、关仝、范宽的精神气概，或者是子久、云林、山樵的意境。他的写实本领（指旅行时勾稿），不用说国画家中几百年来无人可比，即赫赫有名的国内几位洋画家也难与比肩。”[3]

傅雷是极其严谨的学者，正如他自己所言：“可是提到学术、艺术，我只认识真理，心目中从来没有朋友或家人亲属的地位。”[4]此言一出，显然论据

---

[1] 《庞薰琴绘画展览会序》，《文汇报》1946年11月7日，转引自《傅雷谈艺录及其他》，北京联合出版公司2018年版，第186页。

[2] 庞薰琹《就是这样走过来的》，生活·读书·新知三联书店2005年版，第214页。

[3] 傅雷著、傅敏主编《傅雷文集》（书信卷），第36页。

[4] 傅雷著、傅敏主编《傅雷文集》（书信卷），第39页。

▲傅雷、朱梅馥夫妇(右)与黄宾虹、宋若婴 20 世纪 40 年代在杭州栖霞岭宾翁处合影

在胸，绝不是狂评妄议，更不会是吹捧献媚。

20 世纪三四十年代，就对黄宾虹的绘画有清醒、崭新的认识谈何容易，更何况还有精辟的分析与深入的挖掘。这与傅雷的国际视野、西方艺术理论功底、从西方回望东方的角度，都有密不可分的关系。傅雷与黄宾虹的情谊，为之办展的过程，在此不再复述。本文重点阐释的是：傅雷的现代眼光瞄准了黄宾虹绘画中的现代元素，而这些黄宾虹深藏不露的精华，鲜为人所看到，更无人去剖析。在一定意义上讲，傅雷的慧眼与胆识，是将黄宾虹比较全面地推介面世的关键。仅此这点，傅雷对于黄宾虹，并不亚于陈师曾之于齐白石，黄宾虹称傅雷是其人生一大知己，实至名归。为此，称傅雷为 20 世纪中国杰出的艺术评论家，已不为过，更何况还有五六十年代他对林风眠的推崇。

傅雷留学期间，亲眼目睹大量西方名画，出入著名画家工作室，极大地提高了对西方绘画的鉴赏水平，这与一些艺术评论家都没迈出国门一步，只在印刷品中打转，自然天差地别。

1930 年 1 月 7 日，傅雷撰写《塞尚》一文于巴黎，后发表于 10 月 10 日《东方杂志》第 27 卷，第 19 号。根据吕作用先生的研究：该文未见有应任何机构或个人之约的记载，大概可视为傅雷真正的“观画笔记”。但笔者认为，这篇“观画笔记”非同一般，就是现在读来也不只有鲜活的观摩感受，而且独具深入浅出的史论见解。对塞尚的评论，历史定位准确，艺术剖析中肯，就是一篇高屋建瓴的艺术评论，对照同期国内的塞尚介绍，都是佼佼者。傅雷出手不凡，不但显示出思辨天赋，而且其中一些论点都是一锤定音，就是至今引用，还是言之凿凿。塞尚是现代绘画之父，正确认识塞尚，对现代绘画的沿革就有了提纲挈领的观察，而纲举目张，了然于心是必然的。

《观画答客问》中，虽无一词提及“现代”，但傅雷的现代意识却融化在对黄宾虹作品的欣赏之中，无处不在，遍地开花。40 年代，傅雷关注黄宾虹的当然是传统中国水墨画中的自然变化与着意创新。这些笔墨往往是在细微之处，隐而不露，但却微妙无比，生机勃勃。线条之美，如书法之奇，其中有帖书与碑刻之别，婀娜刚健并存。傅雷确是知其人、知其心、知其画。

在傅雷眼中，黄宾虹的山水如人，是有生命的，特别赞赏其写生的出神入化，这也与他对塞尚的评论完全吻合：“塞尚主张绝对忠实自然，但此所谓忠实自然，绝非模仿抄袭之谓。他曾再三说过，要忠实自然，但用你自己的眼睛（不是受过别人影响的眼睛）去观察自然。”[1] 据林志钧先生回忆：“宾虹晚

[1] 傅雷著、傅敏主编《傅雷文集》（艺术卷），第 234 页。

▲ 黄宾虹作品

年画盖采用油画法，最近喜用青绿与浓墨相衬托，弥见精采。”[1] 中西融合，水墨光影，书法点线，不是生硬拼凑，而是自然融合。

黄宾虹信札与画的题跋都记录下黄宾虹写生中的感悟。师化自然，而不是从画本到画，师化古人。尊重视觉，将眼中景物，体验之后，用自己的笔墨留在宣纸上。他的山，他的一树一草一石一桥，再也不是古人摹本的重复。华滋浑厚，是他的感觉，是他的存在，其中有幻觉，有夸张，但更多的是细腻的再现，山岚云起，青苔新绿。山水活化，是他笔墨的神奇。破茧化蝶，并不容易。破的位置至关重要，而傅雷往往切中的正是突破的位置，并且还讲清楚了黄宾虹创作中实验性与探索性的意义所在。

傅雷能将古代画论与现代绘画揉成一团，又能抽丝剥茧呈现黄宾虹的绘画魅力，有条不紊，头头是道。关于黄宾虹的绘画语言，山水画中的抽象韵味，傅雷的学生、中国艺术研究院研究员吴甲丰延伸了老师的评论，有一段十分简明的话，一读就懂：“徐渭画葡萄只见曲折回旋的线和许多疏密相间的

[1] 王中秀编著《黄宾虹年谱》，上海书画出版社 2005 年版，第 559 页。

点，观者仔细辨认也可以知道那条藤枝上的葡萄，但他作画的主要目的是让人品赏线与点的‘节奏感’，即‘抽象之美’。朱耷画荷，爱以破旧的大笔在纸上横扫，那是枯残的‘荷叶’，其实只是显示‘笔力’，即笔迹墨痕在纸上的势劲，借以表达他心意中的‘逸气’或‘怒气’。总之，徐渭和朱耷的水墨写意画确实最接近于西方现代的抽象主义，但他们的画中多少还留着一点物形的痕迹，所以还不是纯粹的抽象绘画。”[1]应该可以说，黄宾虹也正是这种笔墨状态，不过是融入山水风景之中。

对黄宾虹艺术成就一直存在争议，甚至有著名的山水画家认为黄宾虹的艺术是垃圾桶。还诬其为陷阱，害了几代人。

傅雷相信自己的眼睛，凭借的一是鉴赏力，二是理论功底。其实他在《塞尚》中已将这道理讲明白：人们曾向当时的前辈大师马奈，征求对于塞尚的画的意见，马奈回答说："你们能欢喜龌龊的画吗？"马奈在19世纪后叶被视为绘画上的革命者，尚且不能识得塞尚摸索新路的苦心，一般人士，更无从谈起了。

塞尚都曾遭此白眼，黄宾虹被说三道四，也不足为奇。

总是仰望黎明前的星光，一袭长衫的黄宾虹过去了，迎面而来的是西装革履的林风眠，傅雷依然张开热情的双臂迎接。

傅雷与林风眠的关系，有学者认为，经历了三个过程：批评—了解—盛赞。笔者查阅史料，各方考证，似不尽然。

傅雷与林风眠有文字记载的交集，出现已比较迟。1936年6月6日，在上海参加全国儿童画展览开幕式，林风眠与傅雷同被聘为评判委员。[2]

---

[1] 吴甲丰《徐宗挥画集》序，上海人民美术出版社1994年版，第1页。

[2] 《申报》1936年6月6日，第17版。

所谓“批评”，其论据一般都引自傅雷早期法文撰写，后译为中文的《现代中国艺术之恐慌》。在此文中，虽然没有指名道姓，但的确已言及林风眠的作品。可是通篇读来，笔者又认为，这并不是针对林风眠个人，而是泛论一股艺术现象。蔡元培与傅雷，对林风眠《摸索》等作品的理解与评论，有着不同的层面。蔡元培显然偏重于道，是宏观的俯瞰，而傅雷则是着意于技，是微观的细察。特别是傅雷对欧洲名家原作观摩无数，鉴赏能力之高，可想而知。相比之下，这批留学生的作品显然稚嫩，与之标题之大，更是相形见绌。傅雷是对事不对人，抨击的是一种现象，现在而论，也并不失公正。正如水天中所言：“从照片和印刷品看，当时的赞誉之词未免过当。这种言过其实的赞誉，是现代中国艺坛的通病。与林风眠同时的其他画家同样被这种空头支票所累，例如刘海粟和徐悲鸿，他们早期的作品与一般学画的青年一样，并没有显示出特殊的才华。作为一个画家，林风眠的成熟，是在抗日战争开始以后——当教育家林风眠淡出之时，画家林风眠便突显出来。”[1]

所谓“了解”，傅雷与林风眠的频繁接触，来自林风眠学生席德进的回忆。在席德进所著《改革中国画的先驱者——林风眠》中，确实有几处写到傅雷，虽然没有具体细节描写，但毕竟是提及了。查核傅雷年谱，傅雷没有常住杭州的经历，所以是林风眠画室的常客，可能有误。据与席德进同学的潘其鎏讲，傅雷译的《约翰·克里斯朵夫》成了杭州艺专学生的圣经，确是如此，但没有提到在学校见过傅雷。1948 年 10 月 19 日，傅雷从庞薰琹处获悉黄宾虹暂居杭州艺专，欲抽暇趋谒。有无成行，待考。如访黄宾虹成行，去过杭州艺专的话，也只可能一过而已。1947 年前后这一时期，赵无极与无

[1] 水天中《林风眠的历史地位》，《美术历史与现状思考》，第 189 页。

▲ 林风眠赠傅雷画作

名氏是林风眠画室常客倒可成立。席德进将傅雷、赵无极与无名氏三个人混淆了，记忆有出入的可能性是存在的。

比较能证明 1949 年之前傅雷与林风眠并无私交的，还是傅雷自己的话。他在 1965 年 6 月 5 日致成家和的信中这样写道："人（指林风眠）也朴实可爱，我虽和他交往历史很浅，倒是挺投机，谈谈艺术，境界理想彼此比较接近。"[1] 如果三四十年代以来就有私交，一般不会再出此言。就林风眠的名望，傅雷知道林风眠是肯定的，而没有来往，不是不可能。比如林风眠与黄宾虹，一位住在玉泉路口别墅，一位寓居西湖栖霞岭 19 号，可谓是近在咫尺的邻居，当时又都是杭州艺专的同事，至今竟没有任何交往的文字记载出现，也

[1] 傅雷译著《傅雷全集》第 20 卷，辽宁教育出版社 2002 年版，第 317 页。

有点遗憾。林风眠对齐白石的尊重，彼此之间情谊传为佳话。传统画家余绍宋不论是在北京，还是在杭州，都有往访与致函林风眠的日记，有时甚或接二连三未遇再访，足见亲近无间。

林风眠中西融合、兼容并包，而黄宾虹则开放通达、学贯古今，二者的艺术境界都已达到一定的高度，但历史却偏偏作出了另一种安排，居然让他们分开先后进入傅雷的法眼，奈何。

傅雷 1948 年 12 月 20 日回沪，择寓江苏路 284 弄定安坊 5 号，直至 1966 年 9 月 3 日离世。

傅雷亲笔填过一份履历表：1952 年起任上海作家协会理事。1955—1957 年：曾任市政协委员。1957 年：曾任上海作协书记处书记。1958 年 4 月，上海作协整风，结论为“右派分子”。[1]

林风眠有无填过类似表格，有待考证，但已证实的状况，也应是属于没单位的闲散劳动人员。林风眠 1951 年离开杭州避居上海，当时还领半薪，但 1952 年正式辞去杭州艺专（当时已改名为中央美术学院华东分院）教职。1954 年华东美协成立，林风眠为理事。同年出席上海一届政协。他的经历与傅雷是惊人的相似，不同的只是林风眠不以翻译赚取稿费养家糊口，而是卖画为生，少了一顶“右派分子”帽子。如果应验人以群分，傅雷与林风眠走在一起也是再自然不过了，更何况他们还有法国留学的相同经历，画家与艺评家的息息相关，以及彼此为人处事的趋同。

林风眠定居上海比傅雷稍迟点，1951 年 8 月 26 日迁入南昌路 53 号之后，一住就是 27 年，与傅雷一样都没挪过窝，直至 1977 年离沪，就再没回

---

[1] 叶永烈《傅雷之死》，见胡平、晓山编《冤案与名人（一）：中国知识界名人冤案实录》，群众出版社 2001 年版，第 165—166 页。

头。傅雷与林风眠的交往，始于何年何月何日，未见文字证据，两者自身的雪泥鸿爪不多，甚至还找不到一帧合影。除了散见在《傅雷家书》与《林风眠传》之外，笔者从林风眠学生与友人多处获取了一些见证与私藏，从江苏路到南昌路不算太近，但从 50 年代开始就已切切实实成为热线。

刘海粟口述《傅雷二三事》中曾写道："自那次分手之后，我一直怅然若失。想到傅雷没有人谈心，一定会很寂寞。幸而黄宾虹、林风眠两位先生常去看他。一般的人，他不肯与之往来。……一九五六年冬天，我忽然接到傅雷的电话说：'我来看你。''来吧！我们全家欢迎你！'我激动得热泪夺眶而出。他真的来了，一切和好如初。"[1]

傅敏这样说他父亲：他看得懂黄宾虹的东西，黄宾虹的艺术和他绘画的意境触动了傅雷。同时代的画家齐白石在当时已经非常有名了，傅雷也不会选择。他又看不上徐悲鸿，他觉得徐悲鸿的东西是站不住脚的，尤其是他的国画。黄宾虹的为人非常低调，不为名不为利，就是为了艺术。傅雷身上的文人气质与黄宾虹相契合。

从中可以窥见傅雷社交之一斑，择友极严，傅家的座上客，绝非等闲之辈。林风眠的学生金碧芬（金东方）、潘其鎏都与傅家缘分不浅。

金碧芬第一次听傅聪的演奏会是在 1956 年，还是傅雷请的客，当然是老师林风眠的面子。1976 年与 1979 年傅聪来香港举办演奏音乐会，金碧芬都曾晤面叙旧。傅聪见面就问："林风眠先生怎样？还画画吗？他以前给我父亲的几幅画现在都挂在我家里，凡是来看到的外国人都赞不绝口，喜欢得不得了。"他们无话不谈，还曾托过金碧芬打听青梅竹马的女友，而这位女友正

---

[1] 刘海粟《海粟黄山谈艺录》，福建人民出版社 1984 年版，第 105 页。

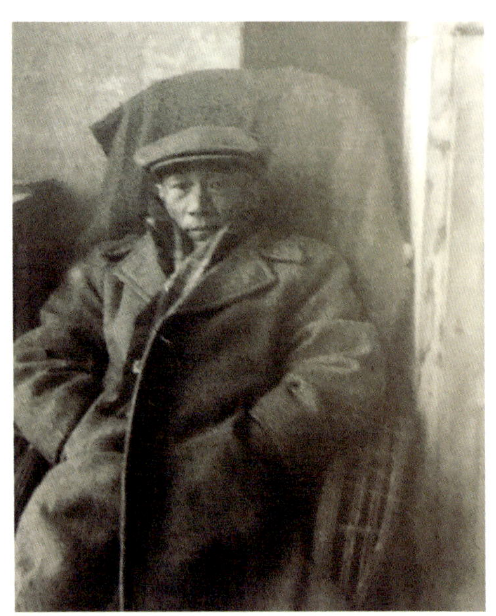

▲林风眠

是金碧芬杭州艺专的同班庞同学，也就是庞薰琹的女儿。据金碧芬讲，庞同学有莫扎特的天真、舒伯特的亲切、巴赫的端庄、萧邦的典雅、德彪西的荒凉……真的，不信问问傅聪。

潘其鎏与傅雷一家都熟，在林先生家里都曾接待过傅雷夫妇。傅雷过来喝茶聊天也习以为常。傅雷太太朱梅馥很会烧菜，潘其鎏去吃过。1966 年 9 月 3 日傅雷夫妇死讯传来，当时南昌路 53 号正经历过洗劫，林风眠也是惊恐不安，但还是关照潘其鎏去探个究竟，悄悄地说："无论如何你设法去打听一下具体事情的真相，探听傅先生的下落。"潘其鎏坐在傅家门口的一个台阶上，看着两具尸体从里面抬出来，送往火葬场，证实了噩耗可靠。当林风眠确知老朋友夫妇已经被迫害含冤离开人世，眼睛里噙着泪水，长声叹息："他是一个自尊自爱正直的人，是受不了这种侮辱的。"据说暴徒们私设公堂迫使傅雷夫妇在地上爬，要他们承认指使儿子叛国。

去年逝世的叶庆桐先生是位书画爱好者，以收藏传统国画为主，也曾经傅雷引荐拜访林风眠。他看了林风眠的画，有点不知所措，林风眠看在眼里。后来送了一小幅的画给他，并说：拿回去，用图钉钉在墙上先看看。言外之意是喜欢了再来。后来叶先生不但不愿取下，又买了林风眠大幅的风景画。叶先生还亲耳听到傅雷批评林风眠的颜料质量太差，会有后遗症。林风眠申辩用的是法国颜料，但的确夹杂着一些劣质广告色，胶合不均，干燥之后，特别是时间一久，开裂剥落就会出现。林风眠也曾对傅聪说："你爸爸鉴赏力不得了！我画里的弱点，逃不过他的眼。我最满意的作品，他抢先要收藏。他手里黄宾虹的画，都是精品中的精品。没的说！"

傅雷与林风眠都是上海政协委员，分别在市作协与市美协有头衔，但毕竟不是上班的单位，傅雷在家潜心翻译，林风眠在家默默作画，与社会是拉开了距离，无形创造了比较宽松的个人空间，"只是冷落一点"（华君武语）。

傅雷对世俗总是疾恶如仇，直言不讳："发言的人一大半是颂扬作者，我觉得这不是座谈的意义。颂扬话太多了，听来真讨厌。"[1]（1954 年致傅聪）就是老朋友也是一视同仁，比如对庞薰琹的叹惜："庞薰琹在抗战期间在人物与风景方面走出了一条新路，融和中西艺术的成功的路，可惜没有继续走下去，十二年来完全抛荒了。——白描（铁线）的成就，一九四九以前已突破张弦。"[2]对现代艺术界批评更为激烈："还有同样未入国画之门而闭目乱来的，例如徐悲鸿。最可笑的，此辈不论国内国外都有市场，欺世盗名红极一时，但亦只能欺文化艺术水平不高之群众而已，数十年后，至多半世纪后，必有

[1] 傅雷著、傅敏编《傅雷家书》，生活·读书·新知三联书店 1981 年版，第 31 页。

[2] 傅雷著、傅敏主编《傅雷文集》（书信卷），第 39 页。

定论。”[1] 唯独对林风眠是赞赏有加:“现在只剩一个林风眠仍不断从事创作。因抗战时颜料画布不可得，改用宣纸与广告画颜色（现在时兴叫做粉彩画），效果极像油画，粗看竟分不出，成绩反比抗战前的油画为胜。诗意浓郁，自成一家，也是另一种融和中西的风格。以人品有艺术良心与努力而论，他是老辈中绝无仅有的人了。捷克、法、德诸国都买他的作品。”[2] 这百来字的短语，对林风眠却是最全面最到位的评论：人品的艺术良心与不断努力；作品的诗意浓郁自成一家，又是绝无仅有的。傅雷是惜字如金的人，此亦绝非恭维之言。

站在艺术评论史的高度观察，傅雷像是一边扶着黄宾虹，一边牵着林风眠，如一位巨人俯身“扶老携幼”，充满尊重与爱意。20 世纪 40 年代傅雷挺黄宾虹，赞其从传统中打出来的笔墨之新，更何况黄宾虹还是“北齐南黄”与“人民艺术家”，扶了一阵，推了一把，一切顺理成章。黄宾虹逝世之后，傅雷“移情别恋”，与林风眠的关系，就像以前跟黄宾虹一样，进入了“蜜月期”。时代不同，已经不能像过去 40 年代为黄宾虹所做的那样，为林风眠办画展、公开撰文推介，所有的热情也都只能注入在个人活动之中，包括相聚晤谈、家书交流、推介藏家、买画寄画等等。虽然琐碎不堪，但带给林风眠的却是莫大的欣慰与温馨。林风眠没有黄宾虹那样幸运，磕磕碰碰还特别多，作品也时受贬于顽固守旧的传统势力，因稚嫩而更需呵护。

笔者认为，傅雷以自己的学养对世界艺术走向作出了正确的判断。只要研读《塞尚》，就可一目了然。1997 年 7 月，郑胜天先生写了一篇《中国现代艺术之父——林风眠》，请吴冠中过目。读后，吴冠中对郑胜天说:“文章我看

---

[1] 傅雷著、傅敏主编《傅雷文集》（书信卷），第 35 页。

[2] 傅雷著、傅敏主编《傅雷文集》（书信卷），第 39 页。

过了。我同意你的观点。林风眠先生作为中国现代艺术之父的地位应该得到肯定。”以此推论，称林风眠为中国的塞尚，也许并不为过。其实傅雷对林风眠的认可是对黄宾虹的肯定的延续。虽然两者绘画语言形式大相径庭，但内在美的追求却是心有灵犀。以此追溯至塞尚，都有画理可循，中外东西，四海皆通。

傅雷与林风眠的欣赏趣味十分相投，对敦煌艺术更是情有独钟。“我个人认为现代作画的人，不管学的是国画西画，都可在敦煌壁画中汲取无穷的创作源泉；学到一大堆久已消失的技巧（尤其人物），体会到中国艺术的真精神。而且整部中国美术史需要重新写过，对正统的唐宋元明画来一个重新估价。”[1] 在致刘抗另一信中论及敦煌艺术时，强调：“我认为中国绘画史过去只以宫廷及士大夫作品为对象，实在只谈了中国绘画的一半，漏掉了另外一半。”[2]

林风眠 1953 年 1 月给潘其鎏的信中写道：“你偶然见到敦煌石室的壁画，那是东方最好的美术品，许多欧洲大画家理想中所追求而没有得到东西，高更，就是最明显的例子，我追求这样的东西好久了，看起来很简单，但是画起来真不容易，两线之间的平涂，中间色的度数，几乎是人手不能画出来的，画人体时，我就梦想这种东西，你还记得吗？”[3]

蒂娜 1956 年带往巴西的林风眠作品中，就有完美的敦煌题材。结合林风眠的信，可见林风眠早已开始这方面的探索，并在人物画中广为取法，成效显著。

令人惊叹的是，其中林风眠强调的“中间色的度数”，在傅雷的《塞尚》

[1] 傅雷著、傅敏主编《傅雷文集》（书信卷），第 40 页。

[2] 傅雷著、傅敏主编《傅雷文集》（书信卷），第 47 页。

[3] 林风眠《林风眠长短录》，中国青年出版社 2014 年版，第 202 页。

中就有这样的评述："塞尚全部技巧的重心，是在于中间色。此中间色有如音乐上的半音，旋律的谐和与否，全视此半音的支配得当与否而定。绘画上的色调亦复如是。"

在此，好像听到傅雷与林风眠热烈的谈论与会心的共鸣。

不仅如此，傅雷对古代石刻艺术、碑帖拓片都有涉猎，并且见解独特。无独有偶，林风眠订阅的刊物不是《美术》《书法》，而是《文物》《考古》，真是英雄所见略同。傅雷与林风眠共同的是心地善良，嗜好相同颇多，但个性差异也大，傅雷热情刚直，林风眠沉静敏感。

潘天寿曾经说过："解放后，我碰到有才华的学生，只有周昌谷一个人。"[1] 对黄宾虹、林风眠与周昌谷颇有研究的劳诚烈认为，周昌谷是汲取潘天寿、黄宾虹与林风眠三位大师滋养最为丰厚的天才画家。周昌谷的"一年级时还不懂黄宾虹和林风眠，二年级时就懂了"这话也给后学者一定的启迪。周昌谷与笔者朋友潘汝渝时有诗词唱和，赠有《艺林扫叶》册页精品，其中的《秋林图》，追慕林风眠的痕迹格外明显。

程十发讲得意味深长："我与林先生值得记载的接触只有两次：一次是被同时拉出来批斗，批斗对我来说固然是丧魂落魄的，但我站立到了素来敬佩的大师级的画家林先生边上，我居然能在彼时紧张的批斗气氛里，自作多情地找到一丝荣幸与快慰。"[2] 在才华横溢的程十发眼中如此高不可攀，林风眠的高度与深度，一般人岂能估量？

心仪林风眠的还有张爱玲、木心，等等，但当时与林风眠走得近，又能

---

[1] 《周昌谷艺术年表》，见卢炘主编《浙派人物画文献集》，中国美术学院出版社 2006 年版，第 290 页。

[2] 《十发序》，见上海中国画院、上海林风眠艺术研究协会编《林风眠作品集》，上海画报出版社 1998 年版。

讲私房话的人是少而又少，傅雷可以说是仅有的几位中之一。

“大鸣大放”期间，傅雷曾开导林风眠：“你现在可以鸣放了，你在艺术上这样有成就，可连作品也展览不出，到该说话的时候了。”林风眠小心翼翼，劝傅雷：“言多必失。”“五十年代之后他几乎躲避一切现实的活动，仅写过几篇迎合时宜的短文，以应报社采访的要求，据我回忆大多由别人代笔。”（潘其鎏语）这个“别人”，是傅雷的可能性也是存在的。傅雷戴上了“右派分子”帽子。林风眠非但没有疏远，而是一如既往地走动。同样地，1964 年《美术》杂志上发表了石崇明《为什么陶醉?——对〈我爱林风眠的画〉一文的意见》，认为米谷欣赏林风眠的画是“古代那些颓废诗人最喜欢吟味的（前途茫茫，何处是归宿）情景”，“是那种凄凉的带有感伤色彩的情景”，“荒凉冷落的情调，和社会主义时代人民群众的情感意趣是格格不入的”，“是很不健康的”，宣扬林风眠这类作品“是非常错误的”。实际就是对林风眠的批判。面对凄风苦雨，傅雷送来的总是推心置腹的话，让林风眠念念不忘：“傅雷先生说我对艺术的追求有如当年我祖父雕刻石头的精神。”对林风眠画的推介，傅雷从来没停止过，离世之前几年的家书中，林风眠是出现最为频繁的人物，关心林风眠的画展，从作品评论、价格、转让到出口允许，事无巨细，不厌其烦，倾注着极大的热情。

除了私谊之外，当然最为可贵的还是彼此对艺术的不懈思考与努力探索。从傅雷《塞尚》中随意摘下几段，其中闪耀的评论光芒，都可照亮黄宾虹与林风眠深耕细作的开拓轨迹。

“真正的艺术家，一定是时代的先驱者。他有敏慧的目光，使他一直遥瞩着未来；有锐利的感觉，使他对于现实时时感到不满；有坚强的勇气，使他能负荆冠，能上十字架，只要是能满足他艺术的创造欲。”[1]

“塞尚采取了这种精神，站在他自己的时代思潮上为二十世纪的新艺术行奠基礼，这是他尊重传统而不为传统所惑，知道创造而不是以架空楼阁冒充创造的伟大的地方。”[2]黄宾虹与林风眠奉行的就是这一宗旨，并且矢志不渝。

“他曾再三说过，要忠实自然，但用你自己的眼睛（不是受过别人影响的眼睛）去观察自然。换言之，须要把你视觉净化、清新化、儿童化，用着和儿童一样新奇的眼睛去凝视自然。”[3]讲得多好，而黄宾虹与林风眠正是这条道上的践行者。黄宾虹抓住民学的精髓，就是自由发展，无法之中出神入化，追求的就是富有内涵的精神美。黄宾虹的“写生”正是对旧学“临摹”的颠覆，也可以说是中国画传统与笔墨的内部起义。林风眠一直竭力反对绘画照相化，1963年林风眠在与傅雷的谈话中，再一次强调他的画是从回忆中来的。在林风眠的画中随处可以找到“视觉净化、清新化、儿童化”，几乎每幅作品都有一双林风眠“凝视自然”的眼睛。

傅雷通过塞尚，通过黄宾虹，认识林风眠，应该是通透明亮与不言而喻的。在傅雷心目中，“要了解塞尚之伟大，先要知道他是时代的人物，所谓时代的人物者，是 = 永久的人物 + 当代的人物 + 未来的人物”[4]。而林风眠正是这样的人物，与塞尚有着同等的意义，并且此人就在自己身旁，为林风眠写传，对傅雷来讲是水到渠成。

傅雷翻译过《贝多芬传》《弥盖朗琪罗传》《托尔斯泰传》《服尔德传》和

---

[1] 傅雷著、傅敏主编《傅雷文集》（艺术卷），第230页。

[2] 傅雷著、傅敏主编《傅雷文集》（艺术卷），第233页。

[3] 傅雷著、傅敏主编《傅雷文集》（艺术卷），第234页。

[4] 傅雷著、傅敏主编《傅雷文集》（艺术卷），第236页。

《夏洛外传》五本名人传记。傅雷多艺兼通，在绘画、音乐、文学等方面，都有很深的造诣，名人传记译著颇获成功。傅雷对名人传记的撰写是了如指掌，充满信心，不然不会有自告奋勇的林风眠传撰写之约。

为之写传，对传主的器重是根本。这里有人生履历、艺术成就、历史地位与社会意义的总体考量，傅雷肯定胸有成竹。一句话：林风眠值得写。

林风眠沉默寡言，一再告诫学生沉默是处世之道。至于自己的身世，只与极少数的几个人讲过，不喜欢别人写他，更不愿意陌生的人写他。对傅雷为之写传的默许，自然是由于他与傅雷的特殊关系所决定的。

苏立文在《林风眠——中国现代绘画的先驱者》（*A Modest Tribute to Lin Fengmian*）中曾说："林风眠曾经说过，他不喜欢人们写他，只有傅雷是了解他的。但傅雷已在悲惨的年代去世了。"（冯叶译）阅读原文，发现表述有点出入，"understand"这里不是指了解，而是理解。了解和理解是不同的。林风眠说只有傅雷是真正能够理解他的，并不是"了解"，而是"知音"的意思。全文对照阅读，前面有一小段没有翻译，大致写的是：本文原是作为林风眠在台北的展览画册的前言，但邮路的问题致使此文不能在画册付印前抵达。因此，此文的中文译文后来发表在台北的一份报纸上。林风眠读后，自香港致电于我，我们以法语聊了非常久。他表达了阅读此文的喜悦，并称，我原来完全能够理解他。他说他将作一幅山水画，赠予我和吴环。遗憾的是他在完成承诺之前就离开了人世。十年后，我再次以此小文纪念他。

理解林风眠的一个中国人和一个西方人几乎同样遇到了尴尬。苏立文的这篇文章至今还没有完整的中译版本，不能不说是一种不应有的缺憾。理解是传记撰写的底线，傅雷才是林风眠唯一首肯过的传记作者，但是傅雷的弃世而去，最终无法践约，傅雷的《林风眠传》提供给人们的只能是想象的空间。没有如愿完成《林风眠传》的傅雷依然不失是理解林风眠的知音，为了傅雷儿子傅聪 1991 年的香港演奏会，林风眠在临终的病榻上还是写下"傅

▲ 林风眠题“傅雷纪念音乐会”

雷纪念音乐会　林风眠题”，成了林风眠感恩朋友的人生绝笔。

始于塞尚，终于林风眠，傅雷的艺术评论生涯跨越东西，引领古今，走过丛林，深入低谷，攀登山巅，富有指点高峰的气概，又具亲近大师的温情，在20世纪中国现代绘画评论中有着无人替代的独特地位。从西方回到东方，从传统中国水墨画中脱颖而出的黄宾虹，到引进西方文明与理念在中国绘画中开拓审美新天地的林风眠，关注两种不同方式，或者说是不同道上的大胆尝试，傅雷一直站在现代绘画的创新前沿。正如水中天所言：“我认为像黄宾虹这样的艺术家，是理解林风眠的；或者说，真正理解黄宾虹的艺术的人，也应该完全理解林风眠的意义。但有许多赞美黄宾虹的人注意到的是黄宾虹对传统的延续，而较少注意到他在传统绘画语言基础上的个人创造。这就是认为林风眠弱于黄宾虹的看法产生的关键。”[1] 而正是傅雷以自己一生的艺术感悟与批评实践，打通了黄宾虹与林风眠两座高峰的关联，这个关联就是现代之美的新创造。

[1] 水中天《林风眠的人生道路》，见朱朴主编《纪念林风眠先生诞辰110周年：林风眠研究文选》，岭南美术出版社，2010年，第113—114页。

天下谁人曾识君
——无名氏与林风眠

在追寻林风眠的十几年中，无名氏是位时常出现的故人。

初期，曾为其关于林风眠的文字惊喜，但朱朴与另一位艺评家的话，让人冷静了下来。长期致力于林风眠研究的朱朴先生说，在20世纪80年代编写林风眠年谱时，曾引用过一些无名氏的文字，但请林风眠过目时，都被删得一干二净。另一位艺评家则认为，无名氏是小说家，浮想联翩，虚构描述，一不小心就会失真，容易以讹传讹，以无名氏的文字定义林风眠并不适宜。

沉淀多年之后，再读无名氏，冷静中又激动起来。其间笔者为林风眠走过一些地方，碰到一些事情，遇上一些人物，无名氏已不再陌生。

无名氏与林风眠的关系，不论是交往时间长短、密切程度，或是认知评论，都可得到明证。

从重庆时期、杭州时期、上海时期、香港时期直至台湾时期，他们的交流从未间断，在林风眠一生的人际关系中，很难有人可以与无名氏比肩。

以《塔里的女人》《北极风情画》等作品风靡文坛的作家无名氏，才华

▲无名氏

横溢，激情似火，又对绘画艺术情有独钟。1936年，在南京全国美展上，无名氏第一次看到林风眠参展的《猫头鹰》，当时还不以为然。7年之后，在西安，因画家赵春翔的推崇，无名氏成了林风眠的景仰者。

1945年11月7日下午，无名氏在重庆南岸大佛段探访了林风眠。这次历史性的晤面开始了彼此的友谊，并且延续终生。

1946年夏天，无名氏在杭州玉泉林宅第一次系统地观赏了林风眠的大批新画。这些充满鲜活线条、色彩与构图的作品，立即将无名氏引进了林风眠深邃的艺术天地。

“自一九四七至一九五〇年年底，有三四年，在杭州西湖畔，作为邻舍，我与林风眠几乎每周必聚会一二次，海阔天空畅叙个半日。”[1]

---

[1] 无名氏《无名氏散文》，浙江文艺出版社1998年版，第249页。

1951 年林风眠离开杭州学校迁居上海之后，无名氏仍然不断前往探望，欣赏新作，直至 1967 年春夏，在严密监视之下，他们还见了一面。当时林风眠的种种表情，终生难忘，无名氏为此还写了《东方米开朗琪罗在兽笼中》。

1982 年，无名氏赴香港，林风眠在港已息交绝游，但一听无名氏出现，不忘老友，即打电话，邀无名氏在九龙醉红楼午餐。

1989 年，林风眠在台北办画展的百忙之中还到处找无名氏，约在丽都饭店共进早餐，表示这次时间太仓促，将来拟悄悄秘密来台湾小住两月，再找老友长谈。

1991 年 3 月，林风眠赴台湾领取文建会的"文艺奖"会上，无名氏紧握林风眠的手，连声道贺："林公，你真伟大!你真伟大!"当年 8 月 12 日林风眠在香港逝世，这成了友情的绝响。

无名氏为林风眠留下有记载的文字有：

《林风眠绘画思想蕴藏着文艺复兴》，1947 年 12 月 8 日《申报》第 4 版；

《东方文艺复兴的先驱者——林风眠》，后辑入 1948 年 7 月上海真善美

▲ 1948 年 7 月，上海真善美图书出版公司，《沉思试验》书影

▲ 无名氏《林风眠秘辛》

▲1947 年，无名民与赵无极夫妇摄于杭州葛岭山别墅。右起：无名氏、赵无极及其子、杨女士、林风眠、赵妻谢景兰

图书出版公司出版《沉思试验》；

《东方米开朗琪罗在兽笼中》；

《人性风景》（《好一个现代阿波罗》《伊甸园式的无邪镜头》《“读好人”可能比“读好书”更重要》）；

《林风眠焚画记》（未发表的二首长诗）；

《中国—巴黎画展 简纪林风眠先生》，1987 年；

《豹笼大师》，1991 年；

《忆林风眠片断》，1991 年；

《仓库大师》，1993 年 11 月 30 日至 12 月 2 日连载于台湾《联合报》；

《林风眠秘辛》，2001 年 5 月 21 日至 22 日连载于台湾媒体副刊。

无名氏文字的真实性，让人一度疑云缭绕心头，但通过一帧照片与一次踏访，顾虑顿消。

这帧照片于 1947 年冬摄于杭州西湖葛岭赵宅，赵无极夫妇出国前夕。赵无极搂着儿子嘉陵，其妻谢景兰在前左一。林风眠随意坐后。狼狗后应是朵丽。照片中无名氏最引人注目，还有他留下的文字："那天我穿一套米白色毛料中式长袍，每一个中式纽扣几乎有蚕豆大，整个形象是很突出的。"[1] 照片与文字，真切吻合，天衣无缝。

2015 年笔者踏访 60 年前林风眠曾"隐居"过的重庆南岸大佛段仓库，就是根据无名氏《仓库大师》中的行程、地名、环境的提示前往，一一准确无误。在大佛段徘徊，除了感叹林风眠独特人生之外，也十分钦佩无名氏的行文严谨，再现了林风眠的重庆生活，如照片一样清晰。详尽的记录，有声有色，场景、对话与细节可信，动情感人，填补了林风眠经历中的空白。相比之下，不少林风眠学生的回忆与传记中有关这段历史的描述，都显得苍白，一些凭想象的文字，更是漏洞百出。无名氏的文字成了权威的林风眠重庆南岸大佛段生活的忠实记录。

无名氏既有记者的敏感，又有作家的勤劳，保留了"甚详"的日记，自言会有八九万字的回忆录可写。这些文字的再现，不同于一般小说家的想象与虚构，特别是与林风眠的交集，都是以亲历者出现，比一般的回忆更加原汁原味、生动贴切。更何况彼此已经不再是记者与被采访者的关系，而是邻居、朋友、知音，无所顾忌，直言不讳，真诚是显而易见的。

林风眠各个时期的作品真迹，无名氏不但都能一饱眼福，更为重要的是，一直关注林风眠的创作方向，跟踪林风眠的摸索历程，是林风眠身边极为有限的几位艺术对话者之一。这点潘其鎏与王良福都是见证人，笔者已有所闻。

林文铮在 1925 年就已认定，"林风眠是中国最有前途的天才艺术家，他自由地游弋于东西两种艺术传统之间"。如果说林文铮还有点书生意气，更多

[1] 《人性风景》，见无名氏《无名氏散文》，第 173 页。

▲林风眠与无名氏合影

是前瞻预言，那么无名氏的评论，却是扎扎实实，既有哲学的思考，又有美学的探究，从历史到现实，从个性到作品，作了全面完整的评述。视野的高度，深入的精微，高屋建瓴，在《林风眠——东方文艺复兴的先驱者》中阐述得淋漓尽致，通明透亮，而这还在1947年，令后来的艺评家不得不敬畏有加。无名氏讲得多么动人，多么深情："他常常谦虚表示，辛苦了三十年，现在才算'开始画了'。这是真正伟大的'开始'。这两年来，他的画不只是一年一年的飞跃，简直是一月一月的进展……林风眠的时间是另一种时间。时间永远在他画面上留下进展的痕迹。"[1]

林风眠有无名氏这样知心的朋友与中肯的评论，应该是幸运的、温暖的。

但是往后的半个多世纪，尽管也出过一些林风眠研究论文集、画册，也

[1] 无名氏《林风眠——东方文艺复兴的先驱者》，《沉思试验》，上海真善美图书出版公司1948年版，第205页。

办过大大小小的画展，还会引用一些名家名句，以助对作品的解读，但无名氏总是缺席。细细思忖，缺席的岂止是其人，不，是文化，是历史，是艺术，是公正。

无名氏无疑是特殊的林风眠研究学者。

大陆几本所谓权威的研究论文集，鲜见他的名字，这是因为对林风眠的评价，走过了曲折辛酸的“出又转内”的历程。无名氏的评论，总是时常湮没在历史的尘埃之中。林风眠与其欣赏者，同样都曾被打入另类，销声匿迹。更为痛心的是拨乱反正时，并没有作纵深的追索与反思，而只是进行横向的对比与褒贬。借用洋人的声音为林风眠喊冤叫屈，果然可以见效，但也往往进入不少误区。因为种种原因，林风眠研究至今还存在盲区、误区、雷区与禁区，而无名氏从 40 年代开始对林风眠的评论，无论是宏观，或是微观，独到精辟，尽管风云变幻，评论的力度至今依然显露出经久弥新的锐利观察与精神力量。

“未来的中国画史必将以林风眠为分水岭，分为‘林风眠以前’的画和‘林风眠以后’的画。”[1] 这是无名氏的经典评论，也是被历史证实了的预言，数十年之后竟有人酸酸地说，是被蒙准了。

我与苏立文的博士生，也是林风眠研究专家的高美庆教授，几次香港晤面，每每谈及无名氏，无不赞赏有加。

王良福先生是公认的林风眠在香港的知音，就曾邀请无名氏来舍鉴赏家藏的八十多幅林风眠的画，非常看重无名氏。

无名氏对林风眠的奠定性的评论都出自 20 世纪 40 年代，没有预料到之

---

[1] 无名氏《林风眠——东方文艺复兴的先驱者》，《沉思试验》，第 183 页。

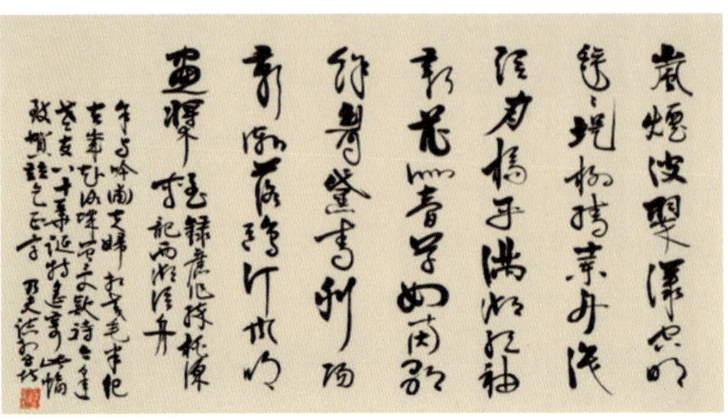

▲ 无名氏手迹

后的社会变革的政治冲击与震荡，但文化脉络是生生相息的，艺术发展是自有规律的，所以无名氏的评论依然承前启后。在此不妨重温几段，再次聆听，体会其中的理性与激情：

这个综合东西二大文化的艺术家，命运是残酷定了的。过去他奋斗了三十年，被误解了二十年，在“沉默洞窟”里隐藏了十年，今后他还得被误解二十年，沉默二十年。

他能用几百年理学影响下的东方人的禁欲主义的眼睛，看西方的强烈生命色彩，知道西方真能给东方什么，他也能用西方狂热火焰的生命眼睛来看东方的冲淡澹泊，知道东方真能给西方什么。

他画出一种新的伟大的精神和谐，新的圆满人性，以及感情与理智的新平衡。

林风眠是第一个人，大胆接受了西方近代美术的人本位思想，以它为基础，用一幅全新的眼睛来观察东方，选择东方，终于又回到东方。

水墨人物中之有裸女，可以说是林风眠的开天辟地的创造。

水墨的先天困难，使它不能如油彩那样如意的描绘一切，林风眠正在作着最广泛的试验，力求克服这一困难，他的裸体女像便是这种试验的最高纪录。

把油画趣味溶入水墨的，只有林风眠一个。

林风眠的山水……在手法上，他摆脱了传统的各种写实性的繁杂的皴法，以及擦、拖、点、擢、□，而倾全力向简单的线条和渗透空气的神秘墨韵上发展。[1]

读读这些文字，再欣赏林风眠作品，会茅塞顿开、别有洞天，更会明白，无名氏真正读懂了林风眠。大刀阔斧的跨越式的改革，步迈得太大的试验，时人往往难以理解与接受。无名氏慧眼识珠，弥足珍贵。

“不管保守派的国画家怎样冷淡他、忽略他，或诅咒他，在未来史家笔

[1] 无名氏《林风眠——东方文艺复兴的先驱者》，《沉思试验》，第182—205页。

下，唐宋以后七百年来，他总是最辉煌最灿烂的一个。”[1]

更为特别的还有，无名氏是可以倾听林风眠私房话的人。据无名氏说，这样的人总共仅四五位。

无名氏谈论林风眠的资格，并没有完全被遗忘。在纪念林风眠一百周年活动期间，筹办部门就曾有人多次越洋电话长谈，并接受无名氏建议，派遣专人赴美国旧金山走访林风眠亲密弟子潘其鎏，也曾同意在纪念特刊上转载无名氏的《豹笼大师》，只是后来未被刊用。无名氏认为：“《林风眠之路》中，林的生命观念，一生思想，也绝口不提。”

80年代曾为林风眠日本个展撰有推介文章的赵宝智先生，谈起林风眠登门致谢，最深的印象就是：一个含蓄的人。但含蓄，并不等于内心世界枯竭。而对林风眠来说，只不过是不同的岁月，不同的氛围，面对不同的人，心扉是封闭还是敞开？据无名氏透露：“虽与政要、领导交往，但他从不泄漏内心真秘密。”在这特殊的岁月中，私房话才是林风眠的真思想、真性情，是林风眠完整人生不可欠缺的部分，或许还是精华所在。

无名氏听到了哪些林风眠私房话呢？

“林公，你现在怎么大画孙悟空大闹天宫了？”

“Boo Kee！（此是他对我昵称。）现在不正是如此么？”他笑着说。

他的不少作品含深刻寓意，恐怕只有少数人洞透。比如他的名作之一《李花小写》，是那样绮丽的大自然风光，一只只小鸟竟睡着了，似毫无声息。真是绝妙。[2]

---

[1] 无名氏《林风眠——东方文艺复兴的先驱者》，《沉思试验》，第206页。

[2] 无名氏《无名氏散文》，第254页。

▲无名氏（中）与林风眠（右一）、冯叶（左一）20 世纪 80 年代在香港合影

微笑是林风眠形象的标配，背后的愤怒、苦恼与悲哀形成的黑暗块垒又是多么不合时宜，但这就是私房话中的林风眠。

林风眠一生承受的痛苦，最为长期最为巨大的还是保守的传统艺术势力，即僵化的同行老画家对他探索创新的漠视、冷遇与误解。在忍辱负重之中，只有在挚友面前才会纾解情绪，他又揶揄地笑道："你要那些国画家在画面上上颜色看！"

这种自信与底气，从不外露。

无名氏还回忆："林风眠后来常对我说，他平生最愉快的时辰，是他与无极在杭州来往的这段时期……谁都会享受到他们出奇的诚恳、多情与纯粹、无邪。"[1] 其中当然也包括无名氏，并留下不少现场记录，十分奇妙。那种开怀畅谈人生、理想、情爱的景象，是现在无可想象的，但是事实。据说这段

[1] 无名氏《无名氏散文》，第 175 页。

时间，林风眠画的色彩都变亮了，明艳了。可能就是强烈的人性放射吧。

林风眠是清醒者，明白像无名氏之类不可能有话语权，已经讲过的话，写过的字，最好的去处是消逝，无影无踪，才能平安无事。在年谱中，引用无名氏的文字，已经毛骨悚然，当然以删为好。为什么删，无名氏心有灵犀一点通，也无须说明。正像1966年春，无名氏在上海，林风眠拟请饭庆贺无名氏五十寿辰，后来获悉北京消息，形势吃紧，即由学生潘其鎏转告，取消前约，并关照无名氏马上离沪返杭，以后少来往。无名氏自然心知肚明，毫不介意。

无名氏20世纪40年代末的预言显然无法涵盖时代浪潮裹挟之下，挣扎浮沉之中的林风眠。但艺术自有其成长规律，林风眠也难以摆脱，是依附，是顺其自然，或是摸索，还是迂回前进?在大佛段采访时，林风眠曾对无名氏说，明冬拟赴美国开画展，没有实现。无名氏所讲的："他不久即将从事一两丈长的大壁画，期追踪敦煌壁画和唐吴道玄的宗教壁画的足迹。这个工作大功告成之日，也就是林风眠历史使命完成之时。他将再给我们一个新的敦煌时代，一个盛唐。"[1] 林风眠一两丈长的巨制大画，最终没有实现。据林曦明回忆，50年代在编《小朋友》时，"杂志用他的画一定不要做封面，做封底也不要一个人，要和别人一起凑个版，最后就选了他一张公鸡和来楚生一张牵牛花做封底"。但林风眠有着客家人的韧性，总能在夹缝里求生存，让艺术无处不在，照样抽芽，照样开花。

林风眠惜别杭州玉泉别墅，脱去西装，摘下贝雷帽，龟缩在上海南昌路53号。然后放下烟斗，退居二楼，穿着黑色布鞋，一身蓝色罩衫，深居简出。除了捣鼓阳台上的花草，就是深夜在昏暗的灯光下不停地画。这是画自

---

[1] 无名氏《林风眠——东方文艺复兴的先驱者》，《沉思试验》，第206页。

己心中的画，也是私房画，当然秘而不宣，更不会在报刊亮相，但可以深信，在近现代美术史的长廊上都会有位置。私房画中《世纪暗角》《难忘的年代》与《遭殃的麻雀》，几乎与《红岩》《韶山》《井冈山》等红色经典同时诞生，但有着完全不同的遭遇，林风眠是“用他的墨和泪，矗起了和西方现代艺术遥遥呼应的里程碑”（潘其鎏语）。对此，水天中入木三分：“而林风眠以个人生活（生存）的悲剧为代价，避免了这种艺术（人格）的悲剧。这又是林风眠在现代中国绘画史上独特的价值所此。”

赵无极曾经感叹：林先生对艺术的态度比他的画更伟大！

私房话与私房画（留待专文）构筑了林风眠的私人史，而林风眠的私人史并不比正史逊色，或许正是这些私人史补充成全了林风眠的形象。

理解林风眠的傅雷未能如约为之写传，是个最大的遗憾。积累了原始素材，希望撰写林风眠回忆录的无名氏，也没如愿以偿，又落下另一个遗憾，但可以弥补的是，无名氏全部的文字能拼出一本别样的林风眠评传。

无名氏在台湾逝世，临终独居陋巷，家徒四壁，但一直没有放下手中的笔。据尉天骢教授（1935—2019）回忆，无名氏将林风眠请进了《无名书》，成为书中人物——老画家藺素子的原身。他在病榻上还在念念不忘林风眠，说从林风眠那里学到很多。他们在天堂还是知心朋友。笔者与无名氏缘悭一面，但对无名氏尚可写八九万字《林风眠回忆录》的“甚详”的原始日记，一直记挂在心，拟将赴台拜访知情的尉教授，但网上忽然传来信息，尉教授已于 2019 年 12 月离世。

（原刊《澎湃新闻 · 艺术评论》2020 年 10 月 24 日，原题为《林风眠背后的无名氏，天下谁人曾识君》）

林风眠与老舍的画痕诗音

2009 年，应林风眠的学生潘其鎏先生之邀，我前往美国旧金山东湾小住。这是一栋幽静的小别墅，在这里，我们几乎日日夜夜在谈林风眠，聊林风眠的朋友圈。讲得酣畅淋漓，听得如痴似醉。

临行分别那天，都已整理好行李，潘先生突然想起了什么，又从自己房间里拿出一批字画，但已来不及逐一翻看细问，就在地毯上铺开，匆匆拍照一过。这段时间已触摸过不少林风眠画的精品、亲笔信件与一大批 20 世纪六七十年代的照片，而这批字画中除了林风眠的写生画稿之外，最为醒目的则是老舍致林风眠的信札与作为附件的赠诗书法条幅。

回到国内，我将相机里的照片传到电脑上，认认真真读这封信与条幅。谢天谢地，照片极其清晰，墨迹鲜活，纸质突显，与亲眼看见实物时相差无几。

信札一通原文：

风老：

得赐画如获奇珍！举家狂喜，时时出以示友好！

塞上归来，即又大忙，身体尚好，唯血压有时较高耳。

奉上字一帧，无可取处，聊表谢忱！匆匆，致敬！

老舍

十二月八日

附件赠诗条幅原文：

林风老惠存并乞正字

塞上红山映碧池，茅亭望断柳丝丝。

临风莫问秋消息，雁不思归花落迟。

辛丑夏游赤峰之红山公园得句，林老因诗作画以赠，如获奇珍，书此致谢。

老舍于首都

（钤印）半日闲舍予（朱）老舍（白）

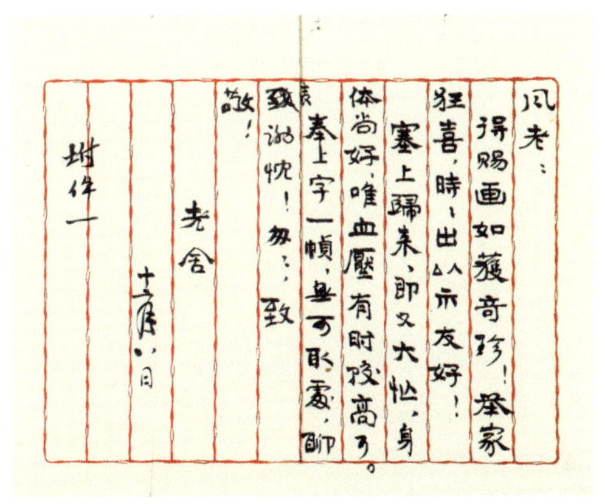

风老：

得赐画如獲奇珍！举家狂喜，時時出以示友好！

塞上歸来，即又大忙，身体尚好，唯血壓有时较高耳。

奉上字一幀，無可取處，聊表謝忱！匆匆，致敬！

老舍

十二月八日

附件一

“辛丑”是1961年。当时正是宽松之时。参照林风眠年谱，1960年，林风眠参加了第三次全国文学艺术工作者代表大会。1961年，频频发表作品，参加画展。同年10月,《人民画报》还刊登了画作《秋鹜》。米谷在权威杂志《美术》撰文《我爱林风眠的画》，赞声一片，林风眠艺术之花犹如重生绽放。

关于“夏游赤峰之红山公园得句，林老因诗作画以赠”，上海档案馆研究员陈正卿的《华君武力促林风眠、谢稚柳内蒙行》中有如是记录：1961年8月，上海林风眠、谢稚柳接通知，晋京参加由叶圣陶、老舍、梁思成、曹禺等文化界老朋友组成的全国文联赴内蒙古参观团，以便体验、考察生活。参观团历时一个月，行程几千里。团员们穿越呼伦贝尔草原，跨过摩尔根河，行走在牙克什小道，又东下兴安岭大林海，游览了扎兰屯。在凭吊了昭君墓后，又泛舟莫里郎湖，塞上风光一览无余。由于乌兰夫的特意关照，还让他们大快朵颐。参观团由文化部副部长徐平羽任团长。为此安排，华君武曾亲笔致函上海美协沈柔坚、蔡振华，其中提及：我与徐平羽同志商量，拟请林风眠、谢稚柳二人去，一切费用均由此团负责（粮票自给）。林近几年来有些冷落，尤希望你们能说动他去。[1]

此行记录最为详尽确切的还是叶圣陶的日记。[2] 7月29日早晨，北京启程，包定一节软卧车厢，沿途官员迎送，设宴款待。20世纪60年代初困难时期，如此待遇，如此口福，可谓至高无上。其中有两个时间节点，一是8月13日，徐平羽回京，访问团团长由叶圣陶代任；二是访问团9月2日回京休息三日，5日再西行，为时约两星期。“询同游者，均欲往观西部，惟林

[1] 陈正卿《华君武力促林风眠、谢稚柳内蒙行》，《世纪》2005年第2期，第70—71页。

[2] 叶圣陶《日记三抄》，花城出版社1982年版。

风眼、谢稚柳二位前已去过，即将回上海矣。”[1] 所以林风眠没有参加第二个行程（访问团 9 月 23 日才全程结束）。

叶圣陶日记中多处提到林风眠与老舍，其中有两日的活动特别富有戏剧性，更可纪念的还保留有照片可以佐证。

8 月 20 日，参观哲盟展览馆，馆中人嘱留字画为纪念。林风眠画了一只雄鸡，老舍为题十字于其上。不知是哪位摄影师抓住了这个开笔之前的瞬间：林风眠胸有成竹，兴致勃勃，而老舍深情注视，欣赏有加。

8 月 31 日，林风眠应昭乌达盟罗进副盟长之嘱，现场绘红山之景，同行的谢稚柳写生盆栽吊钟。

老舍吟有七绝一首："塞上红山映碧池，茅亭望断柳丝丝。临风莫问秋消息，雁不思归花落迟。"据说这首诗还有花絮，笔者已看到两个版本，即第四句原为"雁不南飞花冷时"，改为"花落迟"，果真是妙笔生花，塞上繁花似锦，扑面而来。

叶圣陶也是出口成章，并风趣附记："老舍率成七绝一首，余无可写，即为记事诗一首，凑以梁思成吃茶：'林老挥毫写山貌，谢公妙绘吊钟花。舍予诗就不思索，梁老凭阑闲吃茶。'"[2]

当日，中央文化考察团还与当地文艺工作者在昭乌达宾馆前合影，林风眠与老舍并肩而坐，都露出畅怀的笑容。初秋时节，塞北江南，不但留下了文人墨客的足迹，也给内蒙古馈赠了一份珍贵的文化遗产。

林风眠这次北国之行，老友重逢，结伴而游，"因诗作画"，唱和甚欢。老舍激赏不已，"风老"的欣慰，尽在不言之中。可是好景不长，不到五年，

[1] 叶圣陶《日记三抄》，第 164 页。

[2] 叶圣陶《日记三抄》，第 163 页。

▲林风眠（左四）与老舍（左三）等合影

1966年8月24日，老舍沉湖自尽;仅过周余，1966年9月2日，林风眠被抄家，再过两年，1968年8月15日锒铛入狱，诗情画意灰飞烟灭。

老舍曾被誉为“当代文坛上最懂画的人”，并且收藏甚丰。老舍如此赞赏林风眠这幅画，激起了笔者追寻这幅画的强烈愿望，曾想联系老舍的儿子舒乙先生，让这段艺术佳话圆满呈现世人。

时间是无情的粉碎机，也是神奇的还原键。

奇迹终于还是出现了，林风眠赠老舍的画居然安然无恙，活到现在。

“人民的艺术家——老舍、胡絜青藏画展”，2015年2月2日—3月15日在中国美术馆举行，其中有一幅林风眠的《秋景》(67cm×66.5cm，纸本水墨设色。题识:老舍先生正画。弟林风眠。一九六一年冬，沪。钤印:林

▲ 林风眠《秋景》

风眠印)。这幅画的特殊性是林风眠罕见的以实景入画。若遮盖突兀的高山,宛如在西湖深处,可画的确是赤峰红山公园,不但老舍诗中的“茅亭”“柳丝丝”一一再现,而且更为绝妙的是林风眠没忘了“花落迟”,几抹粉色在屋前隐约可见。林风眠的画,过目的也算不少,无论是各类公开画展,或是机构私人秘藏,都会时刻关注,但这幅《秋景》,不仅圆了数年来苦苦追寻的梦,更引发了笔者对背后故事的探幽发微。

时间追溯至抗战时期的重庆。1938 年 8 月 14 日,老舍离开武汉逆水抵达重庆。1939 年,老舍还参加了全国慰劳总会北路慰劳团访问了延安。在一次招待会上,毛泽东还与其对杯。老舍说,我可不敢,主席身后有几万万，主席笑了。[1]这时的老舍不但已是著名的文学家，并且频频参与社会活动，已经迈开了"左"翼文艺战士的步伐。林风眠比老舍迟到重庆，从校长的任上卸职不久，与老舍同框是在 1940 年。"4 月 24 日由国民党中央社会部与国民党中央各机关组织的文艺奖助金管理委员会召开第一次会议，决定将文艺界委员名额增加为 11 至 15 人，老舍与张道藩、郭沫若、程沧波、王芸生、林风眠、王平陵、华林、胡风、姚蓬子、李抱忱等 11 人被聘为委员。"[2]

根据舒乙的回忆所述，这也可能是林风眠与老舍的初识，但从此也成了朋友。老舍最早收藏的林风眠画是一幅《川江图》。画仅斗方，没有题诗，未写上款，没盖印章，只签"林风眠"三字，但老舍却非常喜欢，将其与沈尹默赠送的行草诗作裱成一个立轴，上画下字。沈尹默诗云："小别能为一日留，眼前人物总悠悠。莫言饮啄寻常事，浅意深情不自由。"林风眠的画意蕴无穷，与齐白石的《虾蟹图》、徐悲鸿的《水牛饮水图》一起成了老舍斗室"蓬荜生辉"的三颗耀眼的明星。

正如老舍自己曾表示，"很喜欢看画"，"特别喜爱图画"，"在穷苦中，偶尔能看到几幅好画，精神为之一振，比吃了一盘白斩鸡更有滋味！"

为何林风眠的斗方小画会令老舍珍如拱璧呢?画的是嘉陵江，身临其境，固然亲切，但老舍的鉴赏水平，远不止此。按舒乙的解读：老舍认为林风眠的画如新生的婴儿，而且还是个混血儿，是曙光，是方向。对林风眠的画看得这么深，这么透，难怪艺术评论家薛永年说老舍是通才："他既是一位大作

---

[1] 张桂兴编撰《老舍年谱》，上海文艺出版社 1997 年版，第 298 页。

[2] 《文艺奖助金管理会成立》，载重庆《新华日报》1940 年 4 月 25 日，见张桂兴编撰《老舍年谱》，第 318 页。

▲ 林风眠《川江图》

家、大文人，又是一位大学者，在文学界，他最懂画。”[1]

重庆时期，林风眠与老舍的诗画唱和一直没有间断。老舍向以幽默著称文坛，尤喜集当时艺术家名字入诗。1941 年 4 月，老舍写一条幅赠予太虚法师，诗曰:“大雨洗星海，长虹万籁天。冰莹成舍我，碧野林风眠。”诗后附有说明:“三十年四月，集当代艺术家笔名成小诗。大雨诗人孙大雨，洗君音乐家，长虹、冰莹、成舍我、碧野均写家，万籁天剧导家，林风眠画

[1] 易小燕《舒乙谈父亲老舍:他与齐白石像俞伯牙和钟子期》《京华时报》，2015 年。

▲ 林风眠《泊舟》

家，写奉太虚法师教正。”足见林风眠艺术在老舍心中的地位。

林风眠也不违知音的心香一瓣，让人们见到了或许是林风眠赠老舍的落双款的第一幅画《泊舟》：“舍予先生正画。弟林风眠。渝，卅年。”此画作于 1941 年，40cm×56cm。《泊舟》比《川江图》尺幅大多了，更加深沉。在抗战最为艰难的岁月，舟横江岸待发，双鹰盘旋在天，正值黑夜与黎明交错之际。

老舍大林风眠一岁，皆出身于贫寒之家，但都能自强不息，并且同样经历过欧洲生活，视野开阔，情趣相投。在重庆时，表面看他们似是一动一静，但却息息相通。林风眠就是在大佛段陋室之中，也还时时以老舍一碟青菜过饭，吃完后将菜汁用开水一冲当汤喝，只抽两角一包的神童牌香烟的简朴作风激励自己。

除了私谊之外，我们同样能够看到他们同台参与抗日活动的公义身影：1942 年 12 月 27 日“晚 7 时，陪都文化界 12 月份国民月会在都邮街广东大酒家举行，由中华全国文艺界抗敌协会与中华全国美术界抗敌协会联合主办，请老舍与林风眠讲演，题为抗战后之《文学与美术》”[1]。

据不完全统计，从 1933 年初到 1963 年的 30 年间，老舍公开发表的评画文章和画集序就达 20 多篇，老舍评论或点评到的有名有姓的画家在 40 人以上，除了林风眠外，还有齐白石、傅抱石、李可染、丰子恺等大家。更为可贵的是老舍对艺术的真诚态度，不是一味地捧场，比如老舍肯定幼年“风眠体”的同时，更期待林风眠“要再下功夫去学习中国画”，提高“笔力”，这与林风眠从此二十多年的努力，日臻成熟也正吻合，而老舍也欣喜地见证了林风眠正果的修成。

根据老舍夫人胡絜青的自述与儿子舒乙的回忆，丹柿小院的“老舍画墙”上，老舍最爱挂的是齐白石、傅抱石、黄宾虹和林风眠的作品。全家达成了共识：林风眠是拥有开山鼻祖地位的一代宗师，在中国现代美术史上是一位站在转折点上的具有里程碑意义的画家。全家两代人最为欣赏的是林风眠的创造性与突破性，一个崭新的林风眠！所以信中“如获奇珍”与“举家狂喜”绝非客套，而是完全的肺腑之言。

现在舒乙也已逝世，一时无从考证细节，不知是有感于老舍热情澎湃的信与赠诗，还是怀念几十年的深情厚谊，数周之内，林风眠再赠老舍一画，而且是代表作《秋鹜》。老舍当然领悟老友的拳拳之心，在新年的第一天就

[1] 张桂兴编撰《老舍年谱》，第 429 页。

挥毫写下“一九六二年元旦雁横南浦林风老赠画老舍题”。“雁横南浦”，取自北宋词人、“苏门四学士”之一的张耒《风流子》：“芳草有情，夕阳无语，雁横南浦，人倚西楼。”

画中芦苇萧瑟，乱云飞渡，秋鹜逆旅，是思念，是迷茫，还是求索?

2022 年 7 月壬寅大暑

（原刊《澎湃新闻 · 艺术评论》2022 年 8 月 4 日）

林风眠与女儿

20 世纪 70 年代，林风眠致李丹妮的信中，说自己有四个女儿。亲生女儿林蒂娜，众所周知;还有就是李丹妮（尘生)、金东方（碧芬）与最小的冯叶。林风眠与女儿们的聚合离散，甜酸苦辣，不但在生命的每个阶段都留下深深的印痕，而且身后更是传说纷纭，雾里看花。笔者认识金东方与李丹妮。与林蒂娜缘悭一面，但与其儿子杰拉德曾有交往，了解较深。冯叶名气最大，知道林风眠的，几乎都知道冯叶。

在公众视野里，李丹妮露面较迟，而又正是她的出现，将四个女儿的交集有了比较完整的呈现。除了蒂娜，李丹妮与林风眠的关系最深，时间最长，若称义女，一点不为过。李丹妮的父亲李树化是林风眠的同乡、同学与同事，一起赴法留学，并且都一样娶了法国太太。两家亲密无间，还同一年在北京都生下了混血女。正像林风眠对李丹妮所说的:“我们的关系，我和你家多少

▲ 1929 年，林风眠与李树化两家在杭州合影

▲ 林风眠与金东方

年来就像一家，我是看着你长大的，真的我最了解你的性格。”[1]

笔者的不舍追寻，源自法国赛努奇博物馆易凯馆长的推介，辗转里昂，笔者终于在厦门与李丹妮晤面，对林风眠史料有了比较系统的新发现。

李丹妮于1956年就已离开中国，一家定居法国里昂半个多世纪。从国内携带出去的文稿、信札、画作、证书、照片、书籍等资料，保存无损，只是大部分已捐赠本地图书馆。李丹妮还曾委托笔者在法国调阅已经捐献的但还未编号入册的资料。人在、物在，一箱箱、一袋袋、一本本、一张张，关于蒂娜，关于金东方，关于冯叶，都有涉及，相当齐全。就像林风眠带领四个女儿一起向我们走来，特别清晰，格外鲜活。

1977年，林风眠赴香港，临行前就与潘其鎏谈过，第一选择就是希望他能与金东方生活一起，有个照应。林风眠一直十分欣赏金东方，称赞她是不知道自己聪明的聪明学生，也是50年代初毅然弃学追随林风眠的三侠客（还有潘其鎏与金明玉）之一，师生情谊非同一般。金东方60年代中期就已从广西来到香港，离婚之后，一人独自带着一女一儿，弃画从文，爬格子养家，成为文艺记者、编剧与作家，出版著作二十余本。当时生活极其艰辛，但仍不忘师恩，时常汇款给在上海的林风眠，金额虽然不大，但却很暖心，直至“文化大革命”爆发，才被叫停。

林风眠初抵香港，住九龙时，报纸杂志上对林风眠的活动报道与作品解读，都出自金东方笔下，真实到位，文采飞扬，经林风眠过目首肯。那时林风眠也会不声不响过海到金东方寓所，天南地北地聊上一整天，自然是将金东方作为在香港最为贴心的人。林风眠里里外外的打理安排，也少不了金东方，小至银行开办存折，大至邀请大亨，席间认购画作，还有恳求文化名流

[1] 朱朴编著《林风眠全集》第5册，第236页。

致函移民局特批定居香港申请，车前马后，可谓尽心尽力。林风眠也曾直言不讳提出搬过来一起住的意愿，甚至还说可以帮助打理家务，但金东方没有同意。金东方不接纳林汝祥称之为“画画机器”的林风眠，也成了一个谜。当然林风眠也有两手准备，过段时间，还与金东方笑言打赌：冯叶能否赴港?赌注为：能来，林赢，金输一根油条；否则，金赢，可赚一套房子。当然是老的赢，小的输，因为冯叶已经在来香港的路上了。

1979 年林风眠赴巴黎开画展，赵无极认为不会成功，所以林风眠一直忐忑不安，担心开支费用，起先准备独行。金东方觉得自己最有资格陪同前往，可林风眠没有同意。后来带上冯叶，还是得力于席素华的去信劝说。冯叶与林风眠朝夕相处，不把长辈金东方放在眼里，摩擦时有发生，和事佬林风眠也常受夹板气。冯叶非但干预林风眠为金东方新著《莫迪良尼》作封面画，并且挑衅性地电话金东方：“哎，金东方，你怎么不过来看看风眠呢?”“风眠”，只有他夫人才可以这么叫的，金东方跟林风眠这么久，从来没有听见有人叫他“风眠”。这不是对她的示威吗?甚至还怀疑当

▲ 李丹妮签署调阅资料委托书

▲ 金东方著《他这一辈子》

时林风眠就站在冯叶身旁。金东方是性情中人，哪能咽得下这口气，更不会主动前往探望。1982 年的“毕卡索:亲切的回忆”画展上，金东方与林风眠、冯叶不期而遇，断定林风眠是视而不见，最后忍耐失控，恼怒决堤而出。她赴美国还准备联手潘其鎏。潘其鎏不赞成。金东方没有听从同学的劝阻，而是以小说的形式影射林风眠与冯叶。《他这一辈子》在《快报》上连载刊登，然后出版成书。为此，金东方也成了千夫所指的复仇女神，就连亲如姐妹的李丹妮都生她的气，周围的亲朋好友都纷纷离她而去。金东方对笔者说:“书出之后，确是留给了冯叶攻击的子弹，正如香港人所说的，冯叶是要唱衰我，噫，到处唱。”

都是这本书惹的祸?其实并不尽然。

《画未了:林风眠传》作者郑重明白金东方是林风眠一生中不可小觑的人物，是想采访而没有采访到的人，一直深感缺憾。侥幸的是这个空白，金东方在生命的最后五年中作了自然的填补，丰富了林风眠的形象。

自 2009 年以来，笔者从收藏她的一幅戏剧人物画《苏小妹》开始，与之有了密切的交往，成了忘年交。初见金东方，肤如玉洁，画眉似黛，轻声慢语，特别知性优雅，但又不会人云亦云，格外耿直。金东方几乎将自己一生的全部著作送给了笔者。《莫迪良尼》原书没了，特地去全书复印相赠。还将林风眠送她的画《芦花荡》和她自画肖像一比一彩色扫描。为说明达到几可乱真的效果，特地拿来原作比较欣赏，并附赠画肖像时自己气质非凡的照片。

“林风眠”三个字，笔者没有主动去和金东方提及。以后每次去香港，几乎都有相聚。在小酌与闲聊中，笔者面对的已完全不是什么采访人物，而是真心相待的长辈。还曾一度合计在大陆出版她的文选，为此她还签署给了笔者全权委托书。没有采访提纲，没有刻意挖掘，但却收获了不是采访胜似采访的珍贵口述，其中当然离不开林风眠，甚至还包括林风眠的情感心路。

2012 年笔者陪同林风眠外孙杰拉德赴香港祭奠，神使鬼差，突然想起要安排让他与金东方一晤。金东方会愿意吗?自己心里的回答是肯定的。电话过去，果真二话没说，金东方欣然同意了。可以说这次晤面，是杰拉德来中国最为欢乐的时光。他们用英语交流，谈得最多的还是玉泉别墅的往事，蒂娜与她相处的开心日子，蒂娜丈夫为她取的英文名字，还有杰拉德与林风眠的面相比较，家长里短，海阔天空。笔者英语只能记点单词，但欢乐的气氛，杰拉德兴奋的眼神，金东方慈祥的笑容，不需翻译，都已一目了然。人在做，天在看，林风眠在天之灵，也不会无动于衷吧。

香港著名作家蒋芸是林风眠晚年的知心朋友。林风眠欣赏蒋芸的才华，还将蒋芸的专栏文章剪报粘贴成册，题写"蒋芸的文章"，完璧归赵，传为佳话。林风眠还特意关照冯叶不要与上海阔太太为伍，要交就交蒋芸这样的朋友。蒋芸也是林风眠临终握着他的手的四人之一。可能也是由于《他这一辈子》，她与金东方也没往来了。

2013 年 1 月，笔者在香港一周，抵达即电话金东方约聚，她说有点头晕，不宜外出。过了几天，拜访蒋芸时提到金东方，表示甚为挂念。蒋芸要去了电话号码，立马打了过去。知道她已康复，蒋芸立即邀请在她家附近的名爵大酒店共进午餐。在酒店等了一个多小时，还不见人来，电话打到家里也没人接，她又不用手机。笔者下电梯，又恐她从另个电梯上来，不安与意外时时袭来。这里还怕蒋芸等急，从餐厅到电梯口，进进出出，奔来跑去，焦虑不堪。后来终于来了，是拄着四脚铁架，一步一步挪过来的。五分钟可到的路，竟走了一个多小时，其艰难的程度可想而知，真是步步都是情。原来前段时间摔了一跤。她们久未见面了，碰在一起有讲不完的话，亲热着呢。蒋芸比金东方小十几岁，但出道早，还曾为金东方的书作过序。当着笔者的面，金东方为蒋芸的文采伸大拇指。而蒋芸谈到金东方的母爱，如数家珍。她将朋友送的夜明灯亲手戴上金东方的脖子，还再三关照使用方法。乐极生悲，一点不假，这次竟成了诀别之晤。

2014 年 5 月，突然接到蒋芸传来金东方讣告，即嘱托代办花圈，专程赴港吊唁。14 日偕同蒋芸参加金东方的大殓。殡仪馆大厅，花圈稀稀落落，人也无几，空荡荡的。蒋芸健康欠佳，原拟大殓完毕即回公司，但不忍金东方太落寞，临时决定留下与笔者一起陪同金东方儿女陈岱、陈江和女朋友护棺上山。当棺木入土时，遥想对面慎终堂七楼林风眠灵龛的空穴，真是五味杂陈。下山酒席，五人围坐一张小桌，蒋芸埋单，还动情劝慰说，我们对你们母亲的真诚，一人抵过一万，你们不要悲伤，希望振作精神，让母亲安心。面对老一辈的做派，笔者心中唯有默念：这趟累了蒋芸，权作报答金东方的步步挪动之情。

金东方这一页翻过去了，留下的与带走的，好像还在飘浮之中。蒋芸再三对笔者说，金东方的《他这一辈子》伤害了林风眠，但伤害最大的还是金东方自己。郑重将这句话引用在《画未了：林风眠传》中，只是没有指名道姓。金东方曾感叹自己努力将林风眠留在香港，是个错误，应让他去巴西与家人团聚。笔者一直质疑《他这一辈子》的真实性，而金东方强调的却还是非虚构性，还说凭自己的经历，推理的依据是充足的。《他这一辈子》使林风眠在香港不敢露面，改变了生活方式，是夸大其词，其实《他这一辈子》在林风眠到达香港十年后的 1987 年才出版。

巴黎画展，李丹妮确实功不可没。与赛努奇博物馆的联系洽谈，资料撰写，笔译口译，一手包揽。林风眠十分欣慰，感叹道："我倒希望我长命多活几年，可以做得更好些，我想我和你这个女儿，从此之后分不开了的。"[1]

画展成功，林风眠精神焕发，生活激情澎湃，几乎忘记了自己已是耄耋老人。在致李丹妮的信中还描绘了香港、巴黎等地的拓展宏图与跑码头去旅行的未来设想，字里行间洋溢着难抑的活力与解放的舒畅。林风眠自己节俭，

[1] 林风眠《林风眠长短录》，第 236 页。

▲金东方与蒋芸

但对周边亲近的人从不抠门，对李丹妮更是厚爱有加，赠画给钱，还大笔资助她在里昂置房。

20 世纪 80 年代后期，林风眠已乔迁太古城金枫阁，不但在香港已经站稳脚跟，而且画价暴涨，声望如日中天。李丹妮访港，也曾有过欢聚新居的美好时光。但人际关系却在逐步起着微妙的变化，与潘其鎏、金东方断绝来往之后，李丹妮也进入疏远之列。李丹妮后来一次的香港之行最为悲催。这是一次辞别之访，进门见林风眠坐着像一尊雕像，话也不多，再也没有往日的亲热，只是招呼冯叶陪李丹妮去餐馆吃饭。李丹妮说，没有时间了，很快就要直接去机场。告别时，李丹妮照常往前拥抱，抱住时，李丹妮意外地感觉到林风眠在推开她，虽然推开是微弱的，但她还是感觉得到，并且还看到站在身旁的冯叶挂在嘴角的一丝冷笑。上飞机后，李丹妮伤心地一路哭到巴黎，回家将委屈告诉了父母。笔者拜访李丹妮时，特别询问：林风眠逝世时，你有无收到讣告？回答果断：没有！冯叶与李丹妮联系一直畅通，为什么不告诉呢？

如果讲到有情有义，李丹妮是个践行者。尽管她有不平，但始终记住林

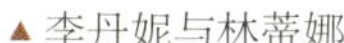

▲李丹妮与林蒂娜

▲1997 年，李丹妮赴巴西与林蒂娜同庆七十大寿

风眠的嘱托：不放弃蒂娜！二次远赴巴西探望蒂娜。第一次是林风眠去世六年之后的 1997 年，李丹妮、蒂娜在里约相聚同庆七十大寿，给蒂娜带去了亲情，留下不少美好的瞬间。第二次是 2000 年，李丹妮则是身负使命。1999 年举办林风眠诞辰一百周年活动，李丹妮已经听到有人想取代蒂娜的地位，觉得应该提醒蒂娜，并希望能跟她一起回杭州一趟，一是忆旧，二是正名。蒂娜胆子小，总是怕这怕那，担心自己文化程度低，见不得大场面，但心还是动了，在犹豫之中。李丹妮就给她壮胆打气：只要你在场就行，我会陪你应付一切，放心好了。但不争气的儿子，总是拖后腿，生怕母亲离开，后来决定带他一起走，又不愿意，弄得李丹妮满腔热情而来，灰心丧气而归。同时也证实了林风眠对蒂娜下的结论：一切以儿子为中心，唯独没有自己。

8 年之后，蒂娜于 2008 年 2 月 18 日去世，李丹妮当天就接到蒂娜儿子杰拉德的哭腔电话。李丹妮说："难怪那几天一直睡不好，原来我们相隔遥远依然息息相关，心有灵犀！"随着蒂娜的去世，巴西成了伤心之地，杰拉德更是爱莫能助。但林风眠已成了李丹妮生命中不可割舍的部分，总是不离不

▲林风眠与冯叶

▲林蒂娜

弃，人影相随。

2017 年 5 月 24 日是李丹妮九十寿辰，林风眠家乡没有忘记她，梅州市林风眠研究会特聘她为终身荣誉会长。笔者躬逢其盛，席间，李丹妮满怀喜悦，所有的人都为之欢欣鼓舞。历尽曲折，李丹妮又回到了林风眠的怀抱，再也不分离了。

冯叶在香港与林风眠一起度过了 13 年，林风眠的晚年生活有人陪伴，一点不假，但“牺牲之大”，却言过其实。冯叶赴港，“照顾林风眠”，只是一种讲法而已，初心就是找出路，以香港为跳板，转道巴黎学习钢琴。李丹妮为其联系学校，也没少费心。但冯叶的学历、钢琴的水平、25 岁的年龄，入学法国音乐学院只是一厢情愿。此路不通，选择法兰西的另一招数就是婚姻。据苏天赐透露：赵无极讲林先生要把妞妞（冯叶小名）介绍给他。他的第二任妻子当时正去世不久，赵说：“那怎么成呢?我年纪这么大了，各人的生活习惯都不同，她又不会说法语。”赵无极婉拒，钢琴不成，法国无门，而求其次，留在了香港。

林风眠这棵大树好乘凉，自然成了冯叶最佳的选择。而林风眠吃了金东方的闭门羹，与冯叶也就一拍即合，成了一个老少组合，冯叶从此踏上了“义女”之路。说冯叶为林风眠而耽误了婚姻，对林风眠来讲，也不公平。据冯叶闺密讲，林风眠深居简出，但冯叶外出交际不少，也交过男朋友，只是未能修成正果。没有出嫁，是她自己的造化。冯叶不笨，果断另辟蹊径，切入画业，倚仗林风眠，以入室弟子的名义造声势开画展，如鱼得水。

林风眠巴黎画展同时，冯叶就已不失时机地请李丹妮为之筹划她的画展。冯叶正式学画，其实是在赴港之后。冯纪忠并不希望冯叶学画，而是每每督促其学钢琴。冯叶何以如此神速能举办画展呢，一般人都认为是林风眠的庇荫，其实内情是，她主要借重母亲席素华。这个关键与秘密知道的人极少。金东方盛赞席素华是天才画家。林风眠与席素华相识之前，是金东方在美术馆一堆落选的作品中发现了席素华的画，惊喜不已，旋即请了林风眠去看，得到了完全一致的认同。冯叶初期画展与杂志发表的作品与席素华的作品是惊人的相似，如摹仿，似抄袭，甚至还会有借用之嫌。金东方真心推崇席素华，但一直认为冯叶的画不值一提。林风眠为冯叶撰文作序，只是护犊之心，严格地讲，是背离艺术常识的违心做法。金东方始终这样认为。

据金东方讲，冯叶陪林风眠去巴西时，知道1956年带出来的画都很精，就甜言蜜语劝蒂娜将画给她带回香港去卖个好价格。蒂娜单纯，就将相当部分的画都交给了冯叶。冯叶走了，杳无音信，写信去催，也不回信。

蒂娜一直是林风眠的心病，成了林风眠人生的一劫。蒂娜单纯、漂亮、善良、软弱。30年代，她与李丹妮的肖像照片时常在西湖湖滨照相馆的橱窗里陈列。走在路上，一位卷发洋装，一位素面旗袍，赚满了回头率。家庭教育方式上，林风眠与傅雷是一松一紧两个极端。《傅雷家书》传递的严父形象，已经家喻户晓，而林风眠的宽松放任，在培养子女上，不像杭州艺专教育学生那样恰到好处。

蒂娜从小不爱读书，喜欢涂脂敷粉，初中毕业就辍学在家，在林风眠眼中不是个进取青年，而母亲还时用暴力，使蒂娜十分憋屈。她少年时暗恋赵无极，后与年长20岁的犹太牙医结婚，困于家庭，溺爱儿子，成为不涉世面的主妇，跟父亲的距离越来越远。林风眠耄耋之年的四次巴西远行，可谓是爱恨交加，从失望到绝望，留下了永远的遗憾。据里约林风眠族亲林均祥讲，林风眠是很想女儿回到香港他的身边，苦口婆心，怎么劝说，就是推不动。

1983年是林风眠最后告别巴西，一回香港，对晚年作出了另一番安排。但毕竟是亲生女儿，所以还是再三嘱托李丹妮：不要放弃蒂娜！而他自己最后出于无奈或是无助，还是什么环节出了问题，几乎是全然放弃。在天堂见到妻子，怎么交代？

金东方的率真、李丹妮的任性与蒂娜的怯懦，成全了冯叶的相守。人们喜欢作出各种设想，将已经成为历史的事实重演各种可能。林风眠与金东方一起的话，留给后人的林风眠与艺术会更多更好些；如果去了巴黎，有李丹妮，有世界性的艺术天地，晚霞会更加绚丽多彩；直奔巴西，还他一个完整的家，晒太阳，潮起潮落。也有不少人感叹，林风眠不离开大陆，以不变应万变，可能是最佳的选择。“我像斯芬克士，坐在沙漠里，伟大的时代一个一个过去了，我依然不动。”[1]这句不少人引用过，木心也极为赞赏的话，指的是艺术定力，还是生活理念，或许什么都不是，只是自恋如梦。

对于相守成功而戴着“义女”光环的冯叶，在郑重《画未了：林风眠传》的最后一章中已颇多微词。时间的无情拷问，社会的公正评议，可能还仅仅只是开始。

写在林风眠创办国立艺术院九十周年前夕

---

[1] 木心《双重悲悼》，见《同情中断录》，第134页。

林风眠与木心背后的潘其鎏

读陈丹青的《绘画的异端》，再读王瑞芸的《也谈木心》，细细揣摩，觉得各有千秋。前者如放大镜，注重细节，或许是画家，或许走得最近，倾注极大热情与激情，侧重扩大亮点，赞其之异。后者长焦远望，展示历史画卷，擅长人物互动，或许是艺术史学者，偏向冷峻思考与深刻剖析，更多关注潮流走向，求之其同。不管是直白，或者是婉转，都在努力呈现木心，将其比较准确完整地呈现世人。木心有福气，晚年有了陈丹青，有了陈向宏，有了乌镇，成就了文化人辉煌的典范，尽管这种典范还有点乌托邦式。对木心认识有偏差，不足为怪，客观上讲，那是木心将自己藏得极深。这是特定历史时期的一种自我保护，长期以往，成了一种生存方式。再则，适时地分期呈现，可能也是陈丹青们的智慧之处。笔者追寻林风眠十余年，在人物采访与史料搜集时，无意之中与木心有所交集，专此列出，但愿对木心研究，能起点补充与参考作用。

笔者知道木心已经很迟。2009 年 8 月 26 日，从上海回杭州时，途经乌

▲ 木心与潘其鎏 1980 年在沪上合影

▲ 潘其鎏与老师林风眠在上海复兴公园合影

镇，偕同美国朋友，受潘其鎏先生之托，奉命拜访孙牧心（潘其鎏从来不叫木心）。此时潘先生已在回国途中，我们算是打前站。在白墙门外，数次敲门，唯闻狗吠，不见人来，只得在门缝里塞了张纸条。28 日接到木心先生代秘书电话，称孙先生外出一时联系不上。我们说明潘其鎏先生情况，请求努力转达信息。9 月 3 日，潘先生抵达杭州之后，曾再度电话代秘书，还是闭门谢客。

潘先生好像心中有数，叫我们不必再联系了，说："孙牧心每次出版新书后都记得我的。他还是很爱才的，当然有一天我把我的作品（当时第二本画集《潘其鎏抽象视野》即由中国美术学院出版社出版）寄给他。他看到以后会改变主意的。把我的画册寄给他，他应该想一想自己以前对我的感情，他应该有种新的感动。"

潘先生的第一本画集《诗性抽象世界》[1] 上，就有木心的序言《东方的喜悦》，并且还有两人的合影。

中国古代的壁画，只有皇家和教门才画得起。皇家的壁画，无非是"颂"。画家以臣称，应制奉命，偶有恩准具名者，使后人知道谁是古代壁画家。教门壁画的作者，有著名大师，有无名大师；沐手薰香恭绘者中，总也有无神论者，唯其异端，有主见，有忧闷，借十丈素壁，宣泄其天才之光华，于是愈见诡谲绚烂，蔚为大观。

一个绘画大国，总在说中国艺术无论在哪方面都是源远流长，文化的乳汁又浓又多。然而吮吸者少吮吸而超越前人者甚少。近代所谓典型的中国画，往往盘桓于元、明、清文人画的笔墨风调之中，似乎不知秦、汉、魏、晋、

[1] 潘其鎏《诗性抽象世界》，人民美术出版社 2007 年版，第 19 页。

唐、宋为何物;又如，谁都认为敦煌壁画是具世界意义的艺术宝藏，而在近代中国画中，几乎看不见“我们家里有个敦煌”，赏而思，入而复出，有所为，有所不为，潘其鎏先生如是对待中国古代艺术。取壁画之形，将石刻、陶俑的拙味和民间泥塑的稚气揉和之；又取壁画之像，将木版绣像，漆雕装饰的简练，流利结合起来，再取壁画之色，将因岁月的流逝而醇化了的斑驳陆离的奇妙感觉，自由地引伸铺张。

潘其鎏的画是“室内乐”，有别于宫廷乐、教堂乐。这些亲切的重奏，时阴时晴，忽冷忽暖，如甘如酸，变化着我们的喜悦。

西方论家常以为马蒂斯倾向东方趣味，西方艺术家所乐道的东方，其实只指到日本，南洋群岛或印度（浪漫派则神往波斯、土耳其）。真正的东方精神，氤氲于华夏中国。把整个东方艺术比作一塔，中国艺术也许就是塔中之塔。潘其鎏先生在绘画上表示他不追求神秘，倒是喜欢画凡人，画常见物，流露出来的却是神秘的东方风情、东方意识、东方审美。

自古迄今的中国艺术有待再认识。在这再认识的过程中，潘其鎏先生的“近距离壁画”“生活壁画”将使现代人喜悦。不同于马蒂斯的西方的快乐，而是东方的喜悦。

木心

1980 年秋

关于潘先生的画，木心还有两段文字，也十分“木心”，对潘先生人与画，都有自己的独到认识。[1]

---

[1] 铁戈《木心上海往事》，上海三联书店 2020 年版，第 143—156 页。

一段题为“那是往事”：

好多艺术家在足以称为艺术家之前先是足以称为热情家。青春年代，经历一阵阵受之无愧的凄苦。有一次，他到乡间来避难，发高烧、大汗，昏睡几天才自己开口要喝水，喝了水，说：我来的时候，路两旁油菜花，黄、大片的油菜花，黄得好狠心。病稍愈，他要画画，作立方体主义的分析试验。如果他画黄得其狠心的大片油菜花，那就乏味了。木心，1980 年秋。

另一段无题，无日期，落款“阿辛”，好像是第一次出现的新笔名。

完美的人是干鱼。其鎏是不完美的。与他同时学画的一大群伙伴，其中有十来个曾是良朋密友，当时各负才具，笑傲湖畔，渐渐花落水流，貌合神离地背弃了艺术，三十年之后，这些人在艺术上失踪了。这些人先后干了，完美了。其鎏在水中游，海中游，双鳍变形为翅，一条飞鱼。偶尔，故友中之一二来看他，不免看到他的画，初无言，继而疑问，干鱼认为水中鱼是怪鱼。艺术的道路并不难走，弯弯曲曲而已。人得保持正直，弯弯曲曲的路只适宜于秉心正直的人走。他的画证明他是正直的。阿辛。

木心谈到与李梦熊的绝交时，曾言：“友谊有时像婚姻，由误解而亲近，以了解而分手。”“我爱的物、事、人，是不太提的。我爱音乐，不太听的。我爱某人，不太去看他的。现实生活中遇到他，我一定远远避开他。这是我的乖僻，是为了更近人情。”[1] 难道木心与潘其鎏的关系，也是如此?在木心

[1] 木心讲述、陈丹青笔录《文学回忆录》（1989—1994），广西师范大学出版社 2013 年版，第 435 页、第 605 页。

一生交往的朋友中，时间最长的可能是潘其鎏，并且共同经历了艺术、革命、谋生、磨难与出国等等不同时期的跌宕人生。潘其鎏1947年入学杭州艺专，1951年毅然离开学校追随林风眠到了上海，直至林风眠1977年离开大陆，不但在学校里是林风眠画室学生，而且在社会上依然是林风眠形影不离的贴心学生。

木心是上海美专学生，正是由于当时杭州艺专学生潘其鎏的引荐，拜访了林风眠。木心与林风眠交往并不密切，但受其影响却格外深远。对于潘其鎏，在木心后来的文章与公开谈话中，虽然没有正面出现，但仍隐隐约约存在，并没有完全抹掉。如在木心的《双重悲悼》中，引用的话，都是出自潘其鎏之口："林先生说你是画家，更像诗人。""邀你三次了，再不去林先生会生气的。"提及的林风眠来信内容，也都引自林风眠致潘其鎏的信。导师资源，此时的确是不分内外，共同享用。

木心初期模仿林风眠的画，十分明显。

▲ 潘其鎏的画

▲木心的画

20 世纪 70 年代后期，木心与潘其鎏的画，也有惊人的相似之处，是同出师门，或是相互浸透？

木心与潘其鎏的相识，有点惺惺相惜。暑假，潘其鎏一个人搬到教室里住，每晚可听到大礼堂里的钢琴声，十分惊奇，怎么会有个音乐家在这里？后来知道是孙牧心在弹，弹得很好，潘其鎏就站在外面偷听。那时候潘其鎏的水彩画画得很扎眼，每天在草地上画时，孙牧心也悄悄地来看潘其鎏。接触了一段时间，孙牧心拼命地跟潘其鎏谈文学，互相之间沟通很好，觉得潘其鎏才华出众，值得做朋友。杭州艺专有个特点，只要有一个同学在校就读，就可以带人来住，学校是不管的，只要给食堂交上伙食费，就可以在里面吃饭。孙牧心就是凭与潘其鎏认识，住到了杭州艺专，俨然成了杭州艺专的“学生”。

孙牧心比潘其鎏仅长一岁，但特别早熟，老成持重。对古典文学，尤其是对魏晋、唐宋文学格外感兴趣，还能即兴作诗，并且写得非常好。他对文学与音乐的爱好，对潘其鎏影响最深。但是孙牧心骄傲，不愿接近人，有大少爷的坏脾气，生存能力较差。

在上海美专搞学生运动的时候，孙牧心是文艺部的部长。他的四个朋友都关进监狱去了，他逃到杭州来，不住在家里，就住在杭州艺专。1948 年秋到台湾避难，带了一箱的钞票，满满的一箱国民党的金圆券。在台湾曾与席德进一起住台南嘉仪中学。每天给潘其鎏写一封信，这信不是一般的信，而是像女孩子求爱那样的。每天写一首诗，里面还夹着花啊草啊什么的。

1949 年初从台湾回来，木心与潘其鎏等在西湖金沙港盖叫天的房子旁搞了个绘画研究社。其实是以画室为名，进行革命联络，将革命青年送往浙东游击区，最后将自己也送进了部队。木心参加了八十一军（可能也就是简历中写的 :1949 年 5 月至 7 月，文工团，温州）；潘其鎏参加了地方部队，彼此暂时分手。但有趣的是，他们不约而同都没有在军队待下去，并且都以肺病为理由，离开了当时最为荣耀的革命队伍。潘其鎏回到学校，而孙牧心跑到莫干山带一名学生教音乐了，结果是这名学生考取了音乐学院。

1956 年，这名学生作为“胡风分子”被抓，审问思想根源时，交代是受孙牧心影响。孙牧心即以“胡风分子”关进看守所，创作的所有文学作品都被抄走。审查结果不是“胡风分子”，才放出狱，但原来所在的学校已将其除名。坐过牢房，学校除名，在 50 年代是天大的政治问题，但潘其鎏没有嫌弃。在孙牧心归无居处时，照样将其带回自己家，在客厅里加了一个铺，安置下来。住了一段时间，夏天到了，衣单裤短，潘妻袁湘文觉得起居不便，很不舒服，潘其鎏只得让其搬走，搬到一位学生家了。当时崇拜孙牧心的学生还是不少的。

从 1957 年住在潘其鎏家开始，潘其鎏就已将广告业务交给他，与自己一起做。孙牧心本来对广告一点经验都没有，但一旦走进，上手很快。1958 年，潘其鎏与孙牧心还在杭州参与设计公司工作。除了广告，就是搞大型展览设计，业务一直扩展到北京。潘其鎏在前打先锋，接业务，在局长、部长前面，口若悬河，头头是道地陈述自己的设计方案，而孙牧心紧跟后面，认真落实，合作默契，天衣无缝。全国农业展览会、全国工业展览会、中国革命历史博物馆（现为中国国家博物馆的一部分）这样大型的布展设计，都留下他们成功的喜悦，得到了谷牧夫妇和张汀的高度欣赏。张汀甚至还动员他们到他学校去。本来想去的，后来一看住宿条件太差了，就不去了。多牛！

80年代初，孙牧心与潘其鎏几乎在一起筹划出国，从准备材料到办理签证，都有相似之处。潘其鎏早走一年，但仍不忘助孙牧心一臂之力，托朋友的女婿，为其找到了担保人。潘其鎏原拟将孙牧心的画带出来，先张扬一下。但出师不利，胃出血手术差点送命。只得将画退回孙牧心。退还画时，有了插曲，数量不足，孙牧心不爽，潘其鎏不让人的话又出来：“你的画，送给我，我都不要！”一说断交，缘出于此。还有一说，潘其鎏偕同学生赴纽约，孙牧心陪同参观大都会博物馆。孙牧心买了两张票，潘其鎏说是三个人呀！孙牧心说，她不懂，不必进去。好像不可理喻，但木心完全可以自圆其说，并且振振有词，这才是木心。笔者亲眼目睹，几十年后学生仍为孙牧心之绝情耿耿于怀时，潘其鎏非但不帮腔，反而责怪学生理解的欠缺，声色俱下：“孙牧心是个才子，我始终都很器重他！”

潘其鎏与孙牧心的生命轨迹有着惊人的相似，不同的是，在美国，潘其鎏得到了老师林风眠的多达6万美金的巨额资助，得以在旧金山艺术学院攻读了雕塑与陶瓷两个硕士学位，数十年从事抽象画创作。而孙牧心在纽约遇见了陈丹青，开讲世界文学史，转身再写中国，一举成名。陈丹青讲：“但你去问问五十多岁的中国文艺家，谁愿意，谁敢，孤身一人出去，重新开始?”答案是：潘其鎏与孙牧心，都愿意，都敢。他们无疑成了高龄出国闯荡世界的画家典范，当然面对师尊林风眠的勇气，他们还只能自叹弗如。

孙牧心认为：我们读书的时候就是有林风眠先生带着。中西绘画沟通，

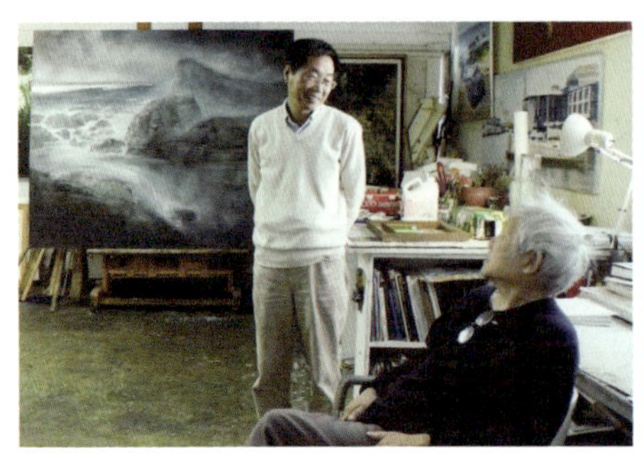

▲徐宗帅（左）在潘其鎏画室

▲潘其鎏手捧《木心纪念专号》深情凝视

林风眠他们介绍得很纯正，是有功劳的。

林风眠与潘其鎏、孙牧心两代艺术家，虽然经历不同，但艺术基因相传，从中仍然可以寻找共同的亮点。最为显著的是大有我行我素之狂狷，即使沦为个体户，离乡背井，也在所不舍，始终以不同的形式保持或发展自己的个性，对艺术的执着与热爱都矢志不渝，终其一生。

知名画廊大未来画廊也曾为潘其鎏的抽象画在台湾举办过画展，被称为林风眠画知音的藏家马维建是潘其鎏的真诚收藏者与推崇者，正如唁电所言：“与潘老师相识多年，不仅在艺术修养上受教极多，老师为人儒雅清高的风范也让我孺慕弥切。”林风眠嘱托的“论纯抽象”，风暴陡起，木心此愿未了。但关于抽象画的论述，林风眠 1972 年 12 月 28 日出狱之后不久，在 1973 年 4 月至同年 11 月 15 日期间，与潘其鎏的多次对话记录，多达十大页，深入浅出，自我完成了“论纯抽象”。不妨抄录几段，先飨读者：“在绘画方面，我细细地想了很久，我认为可以通过色彩、线条的组织来构成表现（比较）复杂和丰富而又深刻的思想感情，用抽象的形式，把时间、空间的观念综合表现较大的抽象观念。”“抽象主义和具象画家用相对观念来看对方，都看到对方的荒谬而且笑。”“抽象的形式在绘画上是依靠色彩、线的综合表现来说话，它像音符一样来组织音乐。色彩的冷热对比，线的曲直综合构成来解决感情和观念。抽象是一个新的造型艺术。”“过去中国文人画主张像与不像之间，不像是抽象的苗子。中国文人画主张意、空灵、没有烟火气等等。”“中国的方块文字是象形到抽象，行书狂草也就要表现作家个性，也就更抽象，它能表现作家情感。”“赵画在虚无漂渺之间，有他自己的样子，还应该说是很好的。无极的画仍是风景画，他是闭着眼睛在做梦(笑)。就像老花眼不戴眼镜来看世界。”而潘其鎏义无反顾，以数十年的艺术实践，向老师交出了一份出色答卷——一幅幅抽象画。笔者不敢妄评木心转印画与潘其鎏抽象画，但一直认为，转印画是无绘之画，会否偏离了绘画的本质？

潘其鎏 2016 年 3 月 16 日在北京逝世，笔者第一时间接到潘其鎏学生徐淑芳的电话，即撰挽联悼念：“三生有幸做林风眠学生；一世无愧画潘其鎏自己。”3 月 21 日举行告别仪式，亲属认为此联可以概括一生，悬挂正厅。参加者仅十余人，有点落寞，但笔者明白先生并不稀罕世间尘嚣，清净于他更好。其实先生数十年如一日，在美国旧金山东湾一隅的车库画室中默默作画，纯粹是老农一位。面对画布，日出而作，日落而息。那里没有记者采访，没有媒体作秀，有的只是平常与日常，宁静与深远。先生走了，但两本画册还在，煌煌画作还在，艺术精神还在，足矣！

林风眠与木心背后的潘其鎏，是人生命题，也是艺术命题，更是思想命题。从中可以展示一个艺术群体的历史流程。

木心研究不可能孤立进行，无论是师尊林风眠，还是狂士李梦熊，还是弃友潘其鎏，始终互相推拥着，才能活力四射。自从木心回到乌镇，有序的木心研究旋即开始，更为可喜的是研究的民间化已现出曙光。在民间化中，精神更加独立，思想更加开放，方法更加灵活。林风眠研究陷入僵化，是否也期待着民间力量的激活呢?现在对林风眠的评价仅只停留在“平反”的基础上,当然,伟大画家的历史地位,不是恩赐的,而是来自人民的评定。林风眠在20世纪的文化意义与美术光芒的完整呈现,仍需澄清误区,照亮盲区,跨越禁区,踩踏雷区继续行进,不知还要多少时日,付出什么代价甚或某种牺牲。

(原刊《澎湃新闻·艺术评论》2018年3月21日)

林风眠与东山魁夷

年初，笔者在日本桥的丸善书店看《东山魁夷版画 100 选展》。很喜欢他的画，于是抽空去了市川市东山魁夷纪念馆。精致金属画框中的画作充满了浓郁的日本情调，优美的意境，怪不得被称为日本“国民画家”。让人不由想到潘天寿说过“一艺术品，须能代表一民族，一时代，一地域”[1]。在日本现代美术界，一直就有“三座大山”的说法。东山魁夷、平山郁夫、加山又造，他们的名字中都有一个“山”字，山更象征了他们的在日本美术界的历史地位，也让其他艺术家和他们的追随者感到了高山仰止。其实，东山魁夷、加山又造与中国现代绘画之父林风眠可以说是神交已久。

1930 年，林风眠以国立艺术院院长名义率团赴日视察与办展，曾与被称

---

[1] 潘天寿《听天阁画谈随笔》，上海人民美术出版社 1980 年版，第 20 页。

为日本现代绘画之父的横山大观面晤两次；当时东山魁夷就读（一年之后毕业）的东京美术学校是林风眠的视察对象，“西湖艺展”就在学校附近东京府美术馆举办，彼此的面缘未见记载，但设想空间存在；1986年林风眠首次在东京举办个展，赵宝智在《艺术公论》上撰文推介，加山又造知道后，称赞其做了件大好事，认为林风眠是最值得尊重的中国画家。

这样叙述，似乎还是有点转弯抹角，那么开门见山，还是请出在同一时间与不同空间里的两位画家——林风眠与东山魁夷。

林风眠仅长东山魁夷8岁，他们都活了91年，生命的轨迹几乎是与20世纪并肩同行。沿着时间的通道，就可捕捉他们之间十分精彩的共生异趣。在不同的国度背景下，同样经历过战乱，同样出国留学，同样沐浴着西风东渐思潮，同样走在民族绘画创新的路上。

留在林风眠的孩提记忆中，除了母亲柔软的黑发，就是惨烈的别离，还有就是石匠祖父的凿子与能走远路的赤脚。这位客家小子带着满身的泥土气息，将自己的志趣刻进了方方印章：画痴；笔墨兮一生缘。正如水天中所说：“早在他默默地注视石匠祖父的劳作时，他的生活态度，他对世界和对艺术的看法，就已经有了雏形。”[1]

小时候的东山魁夷身体羸弱，性格迥异的双亲，让幼小的心灵很早体会到了人世间的爱与恨。他常常是独自在家，画画便成了他唯一的爱好。初中时，每当无聊的时候，就对着清澈静谧的濑户内海诉说自己的心事，海浪拍打岩石的声音就是大海的回应，大海的“群青蓝”成为他终生偏爱的颜色。神户是日本最具异域风情的城市，市内散布着明治时代遗留下的外国商人的

[1] 水中天《林风眠的人生道路》，见朱朴主编《纪念林风眠先生诞辰110周年：林风眠研究文选》，第107页。

旧居和外国领事馆。东山魁夷在对西洋开放包容的氛围中成长，崇尚西方文化的种子在他心中生根发芽。

林风眠有着与东山魁夷相同的寡言与敏感，但上学的梅州中学富有现代气息，不少教师有留学经历，同学中下南洋的家庭比比皆是，居山区而不闭塞，八面来风鼓动了远走高飞的翅膀。东山魁夷是日本画科班出身，传统功夫深厚，而林风眠绘画基本上是自学成才，老师的指教与父亲的点拨，都谈不上是系统的美术教育。他们留学去的都是向往的欧洲，林风眠历时六年，而东山魁夷仅只两年。除了时间长短不同，林风眠经历更加丰富，两次婚姻，转学游学，组织社团，举办画展，对西方社会与艺术的深入程度，以及自身所受的思想感化与浸淫，是不可同日而语的。特别是法兰西文化的洗礼，个性自由的追求，平等博爱的信念，成了他一生的坚守。

东山魁夷为了打破自己的恋爱和画业停滞不前的僵局，同时对西洋美术史十分感兴趣，希望到欧洲各地所藏的重要美术作品实地研究，于是选择了学习美术史这条独特迂回的道路。同年，入学德国柏林大学哲学部美术史科。不选择喧闹的法国、意大利，而选择庄重的德国留学，可以反映他追求孤独宁静的心理。

就像林风眠遇到杨西斯一样，东山魁夷听柏林大学丘美鲁教授的“日本美术史”讲座，还周游欧洲，参观了许多欧洲美术馆和古迹，特别是在佛罗伦萨，他被一幅幅文艺复兴时代巨匠的画作所震撼。这种肉体和精神的刺激，激发了他对日本画所使用的创作材料的极限思考。在圣马可教堂，看到弗拉·安吉利科的壁画后，他被这种安静清澈所吸引，这种质朴的美不正是日本画所拥有的特征吗？

林风眠的留学生涯，是风风火火走一趟！彼此的收获、影响与结果也截然不同。

与东山魁夷不同的是，林风眠还有十分完美的艺术教育建树，桃李满天

▲林风眠

▲东山魁夷

下。在留学十年，林风眠对艺术观念的反刍，使自己更加成熟，夯实了艺术理论基础，更坚定了中西融合艺术探索的信心，奠定了“为艺术战”的奋斗方向。读懂了西方，再回到东方，才敢于拉开与传统中国画的距离；而这种距离，既有形式的，又是精神的，所以风险是双重的。跨越性的尝试，易被误解，认可更难，承受的压力可想而知。

1935年，东山魁夷因父亲疾病归国，后接连父母、哥哥、弟弟相继去世，又遭太平战争之劫。一次次的苦难，都挑战东山魁夷的底线，或许正是这些经历，像川端康成说：“东山的风景画是日本大自然美的灵魂。”[1] 作品却传神地表现了日本传统“物之哀”的意味，是对自然和人生的深深依恋和淡淡感伤。

[1] 〔日〕川端康成《东山魁夷》，见〔日〕东山魁夷著、唐月梅译《美的情愫》，中国青年出版社1991年版，第270页。

20 世纪 30 年代，日本画处于全面变革期，呈现出先锋主义、摩登主义等各种各样的新趋势。在当时具有西洋留学背景的日本画家几乎是没有，而东山魁夷不仅受过西洋绘画训练，还受西方哲学浸润，为他战后登上日本画最高峰奠定了基础。但是刚从德国归国后的东山，还处于绘画创作低迷期。自己的东京美术学校同学加藤荣三、桥本明治，前辈山本丘人等人所创作的作品屡屡获奖，而自己的作品却名落孙山。战败后的日本，刮起了全面否定以横山大观为象征的日本画的“疾风骤雨”。日本画家集体丧失自信，木村重夫的《日本近代美术史》在引用一份日本美术学会的报告时，指出日本美术“东山再起，并非易事”。直到 1950 年，东山魁夷才以《道》在第六届“日展”上大获成功，真正确立起风景画家的地位。

几乎是同时，林风眠经历抗战，从校长位上下来，蛰居在嘉陵江畔的一个旧仓库中。成为仓库画师，中西融合大踏步探索开始。林风眠对流亡中的吴冠中回忆：“林风眠从西湖艺术院的院长跌入了芸芸众生的苦难草民丛中。眼看国破家亡，残山剩水，面对这残酷的现实，明悟自己决不是‘振臂一呼而应者云集的英雄’，他不再是当年为艺术而战，提出种种改革主张的核心人物，他生命的全部今日只在尺纸间奔腾、呼号、哭之笑之。倡导吸取西方现代艺术的林风眠深入了苦难祖国的心脏，他中西结合的观念潜入更深的生活领域，上升到更高的精神层面，我感到这是真正的林风眠的诞生。林风眠在这国难时期的 10 年彩墨耕耘中培育了独特品种，东西方前所未有的品种。”[1]大笔挥写湘西和贵州一带山川人物、湿漉漉的浓郁的山、茫茫的水、离不开箩筐的妇女，国土沦亡大半，残山剩水实可悲，人民凄苦有谁怜。林风眠画面的情调是伤感的，笼罩着淡淡的凄凉。

---

[1] 吴冠中《放眼看人》，团结出版社 2008 年版，第 116 页。

东山魁夷1943年就开始中国旅行，70年代更是密集来华写生，交流办展，名噪一时。

林风眠去过日本4次，除了1930年之外，其余3次都是办展卖画。有人评论，东京见证了林风眠的从风光到落幕。国度不同，社会变革，决定林风眠走的是荆棘丛生的路，林风眠的时间开始了，却又戛然而止。惜别自己心爱的杭州别墅，退居上海，默默画画，60年代初见阳光，旋即是4年牢狱之灾。出狱之后，有了13年的香港暮年。林风眠，人是处处退让，而艺术却是步步向前，正像有人评论，林风眠做人低调，但艺术个性却非常强，令人惊叹。

70年代后期，林风眠与东山魁夷先后在巴黎举办个展，境遇大不相同。林风眠的展览，虽然有巴黎市长希拉克出场，据报道画展成功，反应热烈。但据赵无极的太太回忆，画展精品极少，画作甚至没有放入像样的画框，而是托片上墙。细察当时的照片，的确如此，这让笔者相当震惊。反观70年代以后东山魁夷，频频在西欧各国办展，同时获得不少奖项，1978年11月在巴黎举办“协和广场的椅子”原画展，还收到希拉克市长颁发的金牌。反观林风眠移居香港之后的法国与日本3次个展都颇寒酸，与他的成就与声望相去甚远。一个艺术家的命运跟时代息息相关，东山魁夷适逢战后日本和平发展的大好时光，赶上了国际潮流，以各种形式活跃于国际舞台，受到国际的认可，是个成功的典范。

林风眠与东山魁夷后半生的经历真是天差地别，但绘画创新的路上，还是有不少共同的话题。东山魁夷一直在画上消磨，更多的是人性的探索与表露，不需要粘贴什么政治标签，也看不到社会重大事件的影子，但反映的正是人们喜闻乐见的普世价值与审美情趣。

东山魁夷的创新有着群体的代表性，是日本画变革的延伸，大众的接受不会遭遇断崖式的突兀，就像欧洲的色彩与搭配在日本大众服饰上潜移默化一样自然。从《道》开始，东山魁夷踏上了繁花似锦的康庄大道，形成了众星拱月的局面。而林风眠是孤雁逆风，在尝试另一种画法的可能性，开创了另一种审美境界，或许说是挖掘另一种美的存在，让人不得不认可林风眠的画也是一种美。

群体性，如方阵行进，浩浩荡荡，既可推拥向前，也可抱团取暖。而个体性，如黑夜独行，不仅要抵御心理的孤寂，还要防抗突如其来的袭击。绘画虽是个体行为，但却联结着社会文化的神经，借鉴空间萎缩，交流成为奢侈，这种窘迫，对画家的残酷来说并不亚于物质的穷困。林风眠正是这样，失去如此重要的自由空间，在这点上可以说比梵高还要不幸。在上海的林风眠，只能通过学生偶尔从国外寄来的画册里，从社会主义阵营国家的零星画报中，窥见一点外界的艺术风云，基本在封闭之中。林风眠唯一的选择是下沉。沉迷古装戏剧，从中汲取创作灵感，订阅《考古》《文物》，滋养自己的艺术心田。作品发表很少，画展更少，赞赏遭受批判，直至自毁作品，陷入艺术自杀的境地，这在世界美术史上，都属罕见，无疑极大地扼杀了林风眠的艺术创造力。人们通常欣赏的是林风眠摸索的成功，而往往并不关心与尊重林风眠试验的过程，其实这个过程十分伟大，过程中体现的正是林风眠的创新精神，正如赵无极赞赏：林先生对艺术的态度比他的画更伟大。

东山魁夷最大的创新是用西洋画的平面厚涂技法融合水墨渲染，改变了一味注重线条和笔法的传统日本画技法，表现力大增。东山魁夷的颜料细磨精配，贵族气十足，总会让画面锦上添花。林风眠“从一九四六年起，他更创造了色彩层叠法，使色彩更富于复杂性和空气感应，却是中国历史上第一人”。同样都是“好色之徒”，功在色上，追本溯源，可以远及一致敬仰的敦煌。傅雷曾直言不讳对林风眠指出：你对人家不负责任，用的颜料太差，多年过后，必定褪色剥落。林风眠辩驳：我用的是法国产料。林风眠的确有用法国颜料，但后来大量用都是国产颜料，胶合不均，质量极差。特别是一些

▲东山魁夷《白夜光》

▲林风眠《鹭群》

重彩画，颜色涂厚的，开裂掉色，时而发生。由于水墨、水彩、广告色颜料混合使用，给裱画师傅带来了困扰。至今在不少林风眠重彩作品上，斑驳的时代泪痕依稀可见，东山魅夷怎能读懂？

童心，是东山魁夷与林风眠共同拥有的天赋，也是一生创作的初心。

千住博对东山魁夷如此评论：像这样直到生命最后还能保持儿童的感性也只有他了吧。他的画作仿佛如儿童的瞳孔中所看到的世界一样纯净。这里讲的“纯净”，就是普世认同的美。“如何表现他儿童的内心，梦幻的蓝色就是最好不过了。”千住博将东山魁夷的童心之船行驶在蓝色的梦幻之中，这里不分东西、时间、空间，但具有现代感。“在蓝色的深处蕴含着层层叠叠的混乱、失意、苦恼。唯美画面和感情相互作用，任由思绪带向远方，把心灵回归自然。对我而言，蓝色是具有超越时空和年龄，能够表达现代人内心的颜色。”东山魁夷的不少画，确实具有蓝色童话寓言之意韵。同样是童心、童真、童趣，林风眠的表现也无处不在。这里有两则小插曲，或许足以坦露

林风眠《睡莲》

▲东山魁夷《风景画》

心迹。20 世纪 50 年代，林风眠的作品发表已不容易，但在《小朋友》杂志的封底露面，孩子们鼓掌欢喜。大人顾忌，可小孩不管，爱好就是爱好，童心相连。70 年代初期，作家白桦造访林风眠，那时南昌路寓所已家徒四壁，但在床头却有惊人发现："我把身子向前探着仔细地看，原来是两张民间剪纸画，都画的是儿童生活，一幅是一个小男孩抱着一条和他差不多大的大鲤鱼，另一幅是一个小女孩抱着一只和她差不多一样大的大公鸡。画虽小，色彩艳丽，情绪生动。由于是剪纸作品，有一种特别的拙趣。"[1] 这就是困境中的林风眠，童心未泯，爱心荡漾。

林风眠与东山魁夷都是造境大家，彼此又都在东方，有息息相通之处，往往能以不同的方式经营类似的意境，达到共鸣。

---

[1] 白桦《百年一瞬》，湖北人民出版社 2000 年版，第 160 页。

尽管东山魁夷的风景画从不画人，但无不令人感觉到有人的存在。他画的不再是人迹罕至的景观，而是处处可感受到人的气息的风景。东山魁夷说：“我所画是作为人的心灵象征的风景。我不是在描绘，而是在细语人的心灵。”这类画被称为“心象风景”，他的主题，是接触到清澄的大自然和朴素的人性之后的感受。东山魁夷画中的禅意，浓浓的东方文化气息，与林风眠也是不期而遇，正如无名氏所言：“我深知他早已悟道（他也向我透露过），所以他的某些画幅涵有禅味，一片大超脱气象。”

东山魁夷的细中寓大，图中自然，像日式庭院整洁可亲，正是国民的所好与品位。而林风眠是粗中寓细，乱中自然，像法式花园参差错落，充满着洒脱浪漫，确是美的另类。相比之下，东山魁夷的画多了点富贵气，也夹杂着少许脂粉味，如艺妓的脸。而林风眠的画如村姑野草，素净朝天。傅雷曾带一位收藏家去拜访林风眠，原想买几幅画。此人谙熟传统中国书画，但看了林风眠的画，无所适从。林风眠似乎已明白，拿出一幅小品送给他，并说，回去，用图钉钉在墙上先看看。意思是，懂了再来买。后来这位藏家感叹道：画家中只有林风眠的画是最会抓人的，墙上了有了林风眠的画，就有一股气场，其他人的画就挂不住了。

如果东山魁夷的画是美中的忧伤的话，那么林风眠的画就是忧伤中的美。

林风眠的学生苏天赐对老师与东山魁夷的艺术评论十分精妙：他们是一静一动。东山魁夷的画描绘了一种极静的状态。像唐王维的诗“明月松间照，清泉石上流”的意境，让人有种越听越安静的感觉。而林风眠所表现的境界是“星垂平野阔，月涌大江流”。就是安静的画面之下，却是暗潮汹涌。

东山魁夷和林风眠都经历了不同的坎坷和磨难，林风眠青年得志，老来寂寞，而东山魁夷则是“东山再起”，功成名就，东山魁夷生前画作就炒到很高的价格，甚至在国外都很有影响力。1990 年由日本著名建筑设计师谷口吉生设计的长野县信浓美术馆东山魁夷馆落成，目前，藏品竟达 950 件。2018

年在东京国立新美术馆举办的“东山魁夷诞辰110年展”，短短一个月参观人数突破20万人次。有关的东山魁夷全集、专题画册、研究文集，大大小小的画展、研讨会更是不胜枚举，反观林风眠一路孤寂，充满曲折，至今国内未有一座纪念林风眠的美术馆，不胜唏嘘。林风眠和东山魁夷都是20世纪东方美术的现代探索者，但是人生境遇却是如此大不相同，也一定程度上体现了中国画与日本画的近代命运之不同。“二战”后的日本画受到激烈的否定，所谓的“日本画灭亡论”一度甚嚣尘上，而日本画家团体们选择了现代绘画、光影、透视、空间等技术，在材料、技法上融合了东方韵味，使得日本画现代化的道路上走得更远。

中国现代绘画之父，非林风眠莫属，吴冠中首肯赞同。林风眠作品的现代精神与个性风貌，有目共睹。林风眠总说自己出生在倒霉的庚子年，庚子轮回，今年（2020）是林风眠120周年诞辰。这位与20世纪同行的老人，以痛苦开始，又以痛苦告终的创作历程，和近七十年的生前身后遭遇，告诉人们追求美的路上有多少心酸与曲折。

笔者追寻林风眠，梦想有朝一日林风眠也能成为像梵高和东山魁夷一样，受到国人的尊重和全世界人的热爱。这个过程或许漫长，更不可能一蹴而成，但对林风眠的认识应该天天向上，这也正是不断思考林风眠存在的现实意义。

（孙孺合作）

辑三

林风眠毁画始末考
——略谈其存世作品的梳理

画，是画家的艺术生命。吴冠中说:“想念我，就来看我的画吧，我就活在我的画里。”吴冠中是幸运的，生前亲自选择捐赠，作品收藏有序，能将自己的艺术风貌完整地呈现给世人。而林风眠一生坎坷，家人离散，画作与画家一样，历尽风霜。特别是“文化大革命”期间，又亲手毁画于抽水马桶中，成了艺术家自虐的新典故。据说，中国美术学院前院长许江曾一度想收藏这只抽水马桶。遗憾的是房屋易主，装修时抽水马桶更新，原物废弃无影无踪，未能如愿，否则将来在校史馆或博物馆陈列，必是引人注目的特殊物证。毁画关系画家作品的生死存亡，自然成了画家生平研究的一个焦点，更何况毁画经过还有不同版本，争议纷纭。

以亲历者身份记录林风眠毁画经过的是潘其鎏与冯叶。潘其鎏的《侨居异国忆恩师——林风眠辞世八周年祭》一文，发表较早，由于刊登在海外画册上，国内几乎处于尘封状态。而冯叶的《梦里钟声念义父》影响最广，俨然成了林风眠毁画的唯一发声。过了十年，在朱朴主编的《纪念林风眠先生

▲20世纪70年代，林风眠在上海中国画院作画

▲林风眠先生作画

诞辰110周年：林风眠研究文选》中，潘其鎏与冯叶的文章一起入选，不同的是潘其鎏的原文照录，而冯叶的改题为《沉沉梦里钟声》，有少许改动。对照阅读，令人惊诧不已，逐字逐句琢磨，更是茅塞顿开。

历史事件当事人的陈述，记忆出入在所难免，最为忌讳的是信口开河。至于蓄意编造，更是有违人格道德，丧失社会责任。

“文化大革命”爆发，林风眠上海南昌路53号寓所抄家时间是1966年9月2日。在1966年8月17日，潘其鎏就已为林风眠上屋顶藏画于假墙，但林风眠又觉得不妥，自行取下，两人一起毁画于抽水马桶。而冯叶也说自己参与毁画，并强调9月2日抄家当天，林风眠的最后一批作品，是在她的眼皮底下变为纸浆的。冯叶“一早”就去，“待到晚上七点半才回家”，几乎整个白天都在林风眠家，应该是亲眼看见了抄家的全过程的，但却没有留下有关的现场描述，在这关键时刻突然失忆。而只是回家之后，补充了几句模棱两可的话，很难令人确认是亲历者所为。她的笔墨几乎着重落在与林风眠一

▲上海南昌路 53 号二楼抽水马桶旧照

起毁画上，包括抄家之前的“那些糊了的纸浆，小部分由我混在垃圾中，拎出去倒在对门弄堂的垃圾箱里，大部分是由义父一点一点地放进抽水马桶冲走的”。更令人费解的是 9 月 2 日当天，抄家的同时，林风眠怎么可能又在毁画呢?但冯叶的白纸黑字:“义父看着情形不对，翻出了最后一批，他一直舍不得毁的作品，撕碎了，剪烂了，沉进了浴缸。我站在他的身旁，朦朦胧胧地感到将会有更可怕的事发生。义父光着头，一言不发地做着纸浆，当时的情景，直到今天仍然历历在目。”[1] 林风眠最后一批精品是在冯叶眼皮下变为纸浆的，但事实又是怎样呢?冯叶可讲自己的故事，但无法堵潘其鎏的口。

相同的时间，相同的地点，潘其鎏亲眼看见抄家之后的状况与冯叶的截

[1] 冯叶《沉沉梦里钟声》，见朱朴主编《纪念林风眠先生诞辰 110 周年：林风眠研究文选》，第 221—222 页。

▲林风眠与潘其鎏之子潘文

▲林风眠与潘其鎏、袁湘文夫妇在复兴公园

然不同："近十几小时反复地查抄（并没有着重查抄他的绘画作品）。抄走了家庭生活照片，因为内有外国人太太、女婿，以及两万多元现金，还有酒瓶、罐头等，他们从小洞洞爬上屋顶，翻开所有旧报纸。撤走时把所有画作丢进樟木箱，贴上双重封条……"[1]

客观上讲，当时冯叶是林风眠学生的女儿，是孙字辈的13岁小姑娘，而潘其鎏是追随林风眠已近二十年的忠实学生。不知是冯叶记忆失误，或是出于其他考虑，她的叙述不符合逻辑，令人难以信服。只要对1966年下半年的疯狂历史稍有了解的人都无法相信，林风眠这样一个政治敏感、小心谨慎的人居然还会在这个风头，像冯叶讲的那样"他仍然坚持教我背诵唐诗宋词、讲解世界美术史，有系统地教，还布置功课"。不免让人疑惑丛生。

林风眠曾反复叮嘱"别让孩子们知道"，知情者谈到冯叶与林风眠一起毁

[1] 潘其鎏《侨居异国忆恩师——林风眠辞世八周年祭》，见朱朴主编《纪念林风眠先生诞辰110周年：林风眠研究文选》，第264页。

▲林风眠与袁湘文

画，认为是笑话。当时红卫兵举报出卖父母的事例比比皆是，参与如此隐秘的行动，林风眠怎么会冒险选择一个 13 岁的小姑娘呢?而潘其鎏的回忆，比较符合情理，描写的具体经过、情节与状况，以及当时的形势和林风眠惊弓之鸟的窘态，都相当吻合。

正如水天中所评:“潘其鎏与林风眠从 50 年代到 70 年代，在杭州和上海有很多接触，他所提供给我们的文字和图画，终于打破了这种缄默。我深信，看到这些文字和图画的读者，一定能对林风眠有更深一步的理解，一定能对 20 世纪艺术家的生活、精神状态有更进一步的理解。”[1]

离开文本，再听听林风眠周边几位知情人的话，会找到另外一种真凭实据。一位是冯叶同母异父的兄长、同济大学教授王泽良，另一位是与林风眠有数十年交情的老朋友、演员王丹凤的丈夫柳和清，都一致认为，林风眠毁

[1] 水中天《林风眠的人生道路》，见朱朴主编《纪念林风眠先生诞辰 110 周年：林风眠研究文选》，第 114 页。

▲ 林风眠外孙与柳和清

掉一部分画是事实，但毁得并不是太多，更不像冯叶所说，毁得那么彻底。不但柳和清为林风眠保存过画，王泽良也曾在学校里帮林风眠藏过一批画，潘其鎏更是就近以不同的方式暗中抢救，最为给力。

孙晓泉（原杭州文化局局长）在林风眠 1977 年 10 月离沪赴港后，曾登门拜访潘其鎏（林风眠已将南昌路 53 号二楼转让潘其鎏居住），一起欣赏了林风眠留下的 150 幅画，这又是一个旁证，同时表明潘其鎏保存林风眠画作，从来没有遮遮掩掩。[1] 苏天赐对潘其鎏保留林风眠作品“功不可没”的评价是公平的。

[1] 孙晓泉《西泠情愫》，中国美术学院出版社 2002 年版，第 73—78 页。

2010 年，又一桩关于林风眠的社会公案接踵而来，更具戏剧性。

著名演员王丹凤丈夫、耄耋老人柳和清捧着数十年收藏的林风眠画四处奔波，希望公诸社会，弘扬林风眠的艺术。首先想到的当然是中国美术学院。肖锋老院长满腔热情，如获至宝，但不在位，拍不了板。而在位的，怀疑在先，没有接手。柳和清在香港《明报月刊》披露藏画与研究论文。如此美事，却起风云。冯叶说，这批林风眠藏画是假的，还扬言林风眠不认识柳和清，气得柳和清立即撰文回应。为此，席素华也曾劝冯叶不要再讲了。其实柳和清跟林风眠与席素华岂止认识，1975 年王泽良的婚宴就是林风眠请柳和清“想想办法”，在成都饭店订了两桌，并且席素华与柳和清的交往一直延续至晚年。当年 6 月，原由上海中国画院举办的柳和清藏林风眠作品展，在发了请柬的情况下，院方临时决定撤销。据说，原因是这批画中只有 8 幅真迹。老人当头冷水一盆，幸而有识之士救场，画展研讨如期移址举行。50 多位知名画家、艺评家、作家与收藏家，济济一堂，对柳和清的精神与藏品都予以肯定。潘耀昌先生甚至还认为这是林风眠研究学界的一场地震，成了林风眠研究史上独特的一幕。冰火两重天，令人惊诧不已！据王泽良向笔者透露：上海中国画院在作出决定之前，也曾找过冯叶。

从林风眠毁画的前前后后考证中，潘其鎏所说“在我再三的恳求下，保留了一批力作秘密保存……”得到证实，否则孙晓泉见过的画，留在上海中国画院与带去香港的画（这两批画，经核实，绝大部分为“文化大革命”前所作），是如何冒出来的呢？在冯叶眼皮底下，林风眠毁掉最后一批画，实在难以自圆其说。

林风眠作品到底还有多少存世？现在何处？存世作品的梳理，不妨从历年出版的重要画册开始。

1957 年 12 月，人民美术出版社出版《林风眠》（活页）；1978 年 12 月，上海人民美术出版社出版《林风眠画选》（活页）；1979 年 6 月，上海人民美

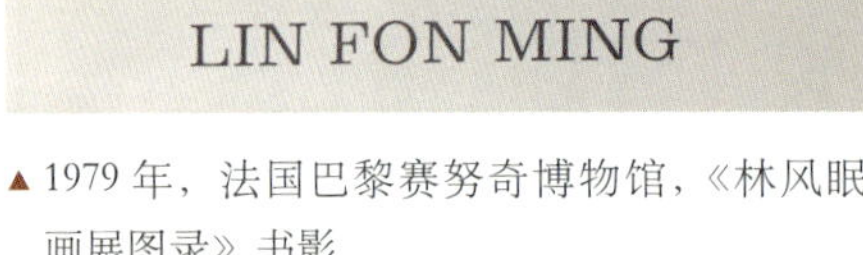

▲1979 年，法国巴黎赛努奇博物馆，《林风眠画展图录》书影

▲1989 年，台北历史博物馆，《林风眠画集》书影

术出版社出版《林风眠画集》；1979 年，台湾雄狮图书公司出版《改革中国画的先驱者——林风眠》（作品 71 幅，席德进编著）；1979 年，法国巴黎赛努奇博物馆出版《林风眠画展图录》（图录 24 幅，展出 80 幅）；1983 年，香港美术家出版社出版《林风眠画集》（特刊，54 幅）；1986 年，日本西武百货集团出版《画业 60 年林风眠》（画展图册）；1989 年，台北历史博物馆出版《林风眠画集》（90 幅画展图册）；1990 年，日本西武百货集团出版《现代中国绘画之巨匠——林风眠作品展》（画展图册）；1992 年 6 月，浙江人民美术出版社出版《林风眠画集》；1992 年 12 月，香港艺术中心出版《林风眠作品展》（50 幅，主要为王良福藏品）；1994 年 10 月，天津人民美术出版社出版《林风眠全集》（上下卷）；1995 年 5 月，台湾山艺术文教基金会出版《林风眠画集》（46 幅）；1996 年元月，台湾麦克公司出版《林风眠（巨匠与中国名画）》（郎绍君导论，40 幅）；1998 年 5 月，上海画报出版社出版

▲ 1999 年，加拿大亚太国际艺术顾问有限公司，《中国现代主义绘画的先驱者——林风眠》书影

《林风眠作品集》（上海中国画院藏品 20 幅，张五常藏品 20 幅）；1999 年 10 月，中国美术学院出版社出版《林风眠之路：林风眠百岁诞辰纪念》；1999 年 10 月，加拿大亚太国际艺术顾问有限公司出版《中国现代主义绘画的先驱者——林风眠》（作品 110 幅，速写 35 幅，照片 80 帧，遗失作品影像 50 幅，林风眠亲笔信札 3 件，国内外学者研究论文 11 万字）；1999 年，大未来画廊出版《林风眠百年纪念集——彩色写诗山水记怀》；2000 年 9 月，台湾民生报出版《林风眠的世界》（林风眠百年纪念展，冯叶总策划，99 幅）；2003 年 8 月，上海古籍出版社出版《林风眠作品集》（上海中国画院藏品）；2003 年，香港大学美术博物馆出版《绝色人家——林风眠绘画》（张永霖藏品）；2005 年 4 月，天津人民美术出版社出版《中国现代主义绘画大师——林风眠》（袁湘文藏品）；2007 年 3 月，香港艺术馆出版《世纪先驱——林风眠艺术展》（本馆、上海美术馆与私人藏品）；2010 年 5 月，香港大山文化出

▲2007年，香港艺术馆，《世纪先驱——林风眠艺术展》书影

▲1994年，天津人民美术出版社，《林风眠全集》书影

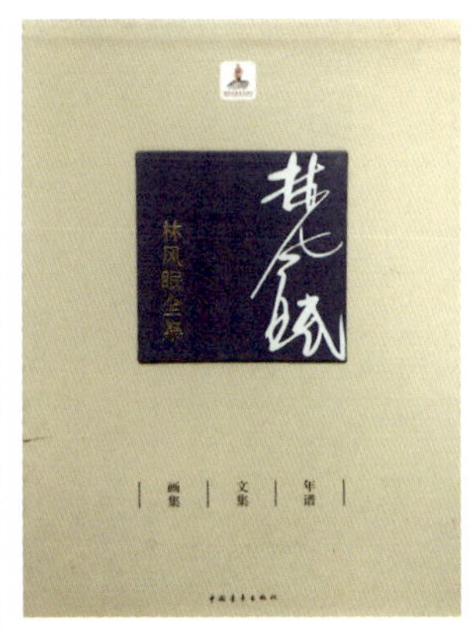

▲2014年，中国青年出版社，《林风眠全集》书影

版有限公司出版《林风眠作品集（柳和清藏）》；2014年12月，中国青年出版社出版《林风眠全集》。

不厌其烦地罗列画册，就是想呈现林风眠作品存在曾经的原貌。这里有众所周知的机构收藏，也有潘其鎏、袁湘文、席素华、冯叶、柳和清、马维建、王良福、张五常等等个人私藏。除了汇集画册、报刊刊载之外，还有带往巴西、馈赠亲朋好友、画展销售与零星卖出的画，也不可低估，只不过还漂泊在五湖四海。这构成了林风眠存世作品的总体面目。其实哪怕就是拍卖场上出现的林风眠的只字片纸，都应该珍惜，认真鉴赏，而不是一味野蛮否定。毁掉的不能再生，死里逃生的作品，总还有再现重聚的希望。林风眠一再说："画家还是让作品来讲话比较好。"但想不到身后，作品也会严重蒙难受辱。对林风眠作品鞭尸活埋现象的屡屡出现，引起了人们极大的警觉，也成了林风眠研究中的天问。

梳理林风眠作品，是林风眠研究的基础，夯实才可前行。最大限度地将林风眠作品纳入具有公信力的收藏档案系统，是林风眠艺术研究者与爱好者长期所渴望的。2014年中国青年出版社出版了《林风眠全集》，原以为是国家出版基金项目，充满期待。画集卷三册总计收入林风眠作品700余件，的确是目前收画最多的林风眠画集，但遗憾的是，基本上还仅是已出版画册的选择性的合编。“集虽不全，但真切可信”，会否因偏见而失公正，而将林风眠的精品佳作拒之门外?避重就轻的关键可能还是缺失社会担当与学术勇气。

在纪念林风眠110周年的国际研讨会上，郑朝教授对林风眠研究中裹足不前颇多微词，甚至有点愤愤然，主持人一脸尴尬，继而无语。当时觉得郑老火气太大，有失雅量，现在想想，并不为过。又过去了十年，各种各样的画册多如牛毛，唯独名副其实的《林风眠全集》还未问世，作为后人，不会觉得愧疚吗?特别是在纪念林风眠诞辰120周年的日子。

（原刊《澎湃新闻·艺术评论》2021年1月4日）

与林风眠六幅新拍画作“对话”

2020 年，林风眠诞辰 120 周年前夕，笔者在《南方日报》发表了一篇《读林风眠印谱》，从林风眠在梅县时期史料着手，为研究少年林风眠生平思想抛砖引玉。接着,《南方日报》又刊登了梅州文史学者林勇军的《西阳山人林风眠》，成了姐妹篇。西泠印社拍卖公司的马骏读了这两篇文章，机缘难再，写了一篇《风再起时》，就征集到的拍品——林风眠的六幅画作了引经据典的解读，形成环环相扣的林风眠与故乡系列。意犹未尽的是，还有了绵绵不断的后续，带来更多的思考。

这六幅林风眠画的出现，自然非同小可，林风眠艺术的爱好者，无不欣喜不已，笔者也特地亲临拍卖预展现场进行了瞻仰与观摩。驻足画前，除了震撼，还产生了强烈的对话愿望。这六幅画，市场将会有怎样的预期?笔者又坐在了拍卖现场。真是林风眠旋风再起，藏家的成熟与热情，令人感慨。这六幅画，策划为“风在起时——纪念林风眠诞辰 120 周年特别专题”，竞拍激烈，高潮迭起，都有全程摄像在案，在此不再赘述，但是非常有必要记录下六幅画的品名（材质）、规格和成交价格。

这显然不是一次平常的拍卖。这个时间出现在杭州，真是天意人合。如果说这场拍卖是拉开了林风眠诞辰120周年纪念活动的序幕，一点也不为过，不同的是，这是以市场的形式向林风眠致敬！

“一批六件林氏孤品彩墨，来源可靠，出自同一藏家。”这是西泠印社拍卖公司的提示。

正视真金白银，尊重客观市场，但笔者更注重绘画的艺术价值与学术意义，这也是这批专题拍品所具有的独特的探讨领域与研究空间。一时无法揣摩藏家背后的一切，但光天化日之下的作品，毫无私密可言，人人可以平等相见。

林风眠的画，一般都是无题。这六幅画的标题，除了《大师图》外，其他五幅画是藏家命名，还是拍卖公司的创意，不得而知，但都还贴切，并不牵强。虽然是一批未曾露面的雪藏久远的生货，但可喜的是都以大开门的形象面世。对于这点，藏家基本供认不讳，“真乃居先”，这也是争先竞拍的根本。

这六幅画，除《思》之外，都标有时间与地点，这对读懂林风眠的画，可以省去不少周折，并且更为值得研究的是，这三个时期与地点，在林风眠一生中都是具有标志性的三个节点。只要翻开林风眠传记、年谱与画集，不难发现这几幅画对于林风眠历史地位与生平思想的发掘，都有填补某些空白的作用。因稀缺而珍贵，一点也没错。

关于少年林风眠绘画天赋的传说不少，大多是文字记录，而作为实物，完整的作品，笔者除了见过一块残片之外，只是停留在传闻与想象之中。在林风眠的所有画册中，排在前列的水墨画，就已是1923年的《生之欲》，还是从保存的照片上翻拍的，相当模糊。学界大都从主题思想，从叔本华论及“生之欲”的成功；至于林风眠的笔墨功夫，如若提及，反而非议较多。而《大师图》横空出世，至少在当下，就画论画而言，令人刮目相看。这幅历

▲《集义图》，绢本，205cm×81cm

▲《群雀》，绢本，165.7cm×40.5cm

经百余年的纸本画，品相基本全好，不但画、字与章形式完整，而且款识清晰，年份节候分明。画面右下方所题“西阳山人”（钤印“西阳山人”）与左上方“大师图时在民国八年立春日为宝初叔祖大雅政凤鸣”（钤印“肖愚”），两款似分前后落笔。

此画很有可能原为林风眠自存的心爱之作，是因临时特殊需求割爱转呈叔祖大人，所以才毕恭毕敬款识在后。从前后的书写状态，也可以看出这点。如此推理，这幅画绘在民国八年（1919）立春日之前。师古通狮，《大师图》具有双重意味。一是像林风眠少年的自画像，画雄心，画志气；二是敬长辈，献孝心，祈愿家运亨通、吉祥如意。有了此画参照，对林风眠出国之前的生平研究，比如传统文化的基础、写实绘画的技巧、岭南流派的影响等等，都会排除不少盲目性。如果没有新的发现，再出版《林风眠全集》，《大师图》必将名列榜首，会被誉为“林风眠第一画”。

如果《大师图》是以时间取胜的话，那么《集义图》与《群雀》则是林风眠艺术教育黄金十年西湖时期的风华之作。1929 年至 1932 年，这个时期的类似作品不少，但绢本的并不多，而像这样巨幅的则更是罕见。这两幅画，虽然相隔两年，但创作心绪一脉相承，充满着激情。用笔大胆奔放，墨浓色酣，完全不顾忌绢本的细腻润滑，直挥横扫，挥洒自如，色化墨浸，晕染无穷，层层叠叠，自然交融而又浑然一体，形成一个奇幻多姿的光影世界，亦中亦西，汇合成一支生命的欢乐颂。这两幅画也成了林风眠回到东方，再看西方，在画面上徘徊摸索的印记。特别是在画材、颜料、笔刷的运用上，都已伸出了尝试的触角，注重光影、色阶与画面的独到处理，大胆与传统花卉翎羽画拉开距离。“风眠体”虽未成形，但胚胎已经开始发育。换句话说，这两幅画是脱胎换骨伊始的经典之作，也是这个时期的精品。

林风眠在沅陵卸任之后，曾于 1938 年与 1939 年两度赴港。蔡元培当时已在香港，在其日记中就有明确记载。第二次居住时间较长，其间曾上书教

▲《大师图》，纸本，136.5cm × 66cm

▲《思》，纸本，132.3cm × 60.3cm

▲《青松万年》，纸本，132.3cm×66.2cm

▲《灵山仙居》，纸本，136.5cm×68.3cm

育部恳求复职，但却遭拒绝，林风眠职业生涯跌入了一个低谷。无奈之中，除了蔡元培继续为之疏通人脉，另觅出路之外，就是由在港的梅县父老乡亲施以援手，让他安居画画，筹办画展。一批保存至今的画作背后就有浓浓的故土乡情。一幅林风眠的花鸟画，落款为"慕青伯台正画侄林风眠一九三九元朗"。陈慕青就是梅县人，在香港元朗发达后，还修筑了"筱庐"，也是林风眠的贵人。现存梅县区博物馆的《蕉鹤图》，落款为"承芳叔台正画侄风眠一九三九年香港"。林承芳，梅州著名联芳楼主人，也是一位事业成功、为人仗义的华侨企业家。

同样落款为"一九三九年香港"的，分别赠送宝初与志尹的《灵山仙居》与《青松万年》两幅画，非常集中地记录了这一时期林风眠与乡人的交往。画面笔墨疏朗，清淡简约，意境高古，但又不拘泥传统，特别是在山峰、岩石的皴法上，全然不忌讳块面平涂与墨团上画，气韵焕然一新。

《思》是三无（没有签名落款，也没有钤印，更没有时间地点）作品，但林风眠用笔利索与构思奇妙的突出个性，还是令藏家毫无质疑地掏腰包，举牌频频。查阅资料，一时还找不出可以参照的作品，断定年份较为困难。

除《思》之外，这批画的独特性，是不言而喻的。还有一个醒目之处，就是上款"宝初"，称为"叔祖"，不但辈分最高，跨时二十多年的三个时期与三个地方的画上都曾出现。宝初肯定非等闲之辈，值得深究，但几经探听，杳无信息。

沉寂了年余，一篇林风眠《叔祖母李大夫人事略》的佚文在梅州浮现，惊喜之余，林风眠与林宝初一家的交集水落石出。林风眠写的祭文，开门见山："叔祖母李大夫人家，宝初叔祖之德配，志尹啸亚叔诸昆仲之母也。"祭文是林风眠为林宝初夫人而作，原来宝初与志尹系父子。林风眠又如此陈述宝叔、志尹父子经商履历与事业成功："宝初叔祖之能经商毛里士（毛里求斯）数十年，展其怀抱，无内顾之忧者，实得叔祖母内助之贤也！逮乎长子（志尹）成立，随往毛埠经理商务，借父亲之威信，振长策于商场，以香港为东南内地之门户，欲谋国内经济之发展，不能不以此地为据点，因而开设商号于香江。”对其全家的美德更是赞赏有加:“至其生平乐善好施，出自天性，凡其所施与，更仆难数其荦荦之大者。如佐理叔祖建设白宫河堤数千元之工程，办族学以培子弟，蓄仓谷以赡族食，由是贤夫妇相得益彰矣!而志尹复能仰体父母之素愿，资助族中青年造就高深学问，凡慈善公益之事，经父母之一诺，巨细无不立应，所谓孝顺还生孝顺儿者，信而有征矣!”而且林风眠更是亲受恩惠之一:“予风眠自小家贫，赖其哲嗣志尹叔资助，力学至有今日，得厕身世界艺术之林。”[1]

林风眠年谱与传记中记载的赴法留学曾得到毛里求斯林氏宗亲的资助，但未具姓名，现在可以不排除还有其他人，但林宝初一家对林风眠肯定是恩重如山。林宝初家族私藏的这批林风眠佳构，也是一个有力佐证。祭文中还提及:“其四子啸亚毕业于复旦大学后，本服务于杭州国立艺术院，以父兄商务需人，故亦放弃其任务，而佐理父兄之经营矣。”一路走来，经历数十年，足见两家交往甚笃，相互提携，绝非一事之谊。笔者对啸亚，作了充分的调查，结论更是喜出望外：啸亚，又名笑亚，就是林楚谦。林楚谦多才多艺，不但曾在杭州艺专担任总务，而且时有艺术译文见诸报端。到香港后，经商有方，还是著名的侨领。至60年代，林风眠仍与之保持着密切的书信往来，还曾赠画其子林浩祥。据香港籍梅州乡贤李景钦反馈：林笑亚有三子：浩祥已逝印尼；次子葵祥，仍住香港百德新街；幼子凯祥早逝。另据86岁的老会计师李元强说，“德安和”出入口公司主要股东是林翊球、林笑亚、叶国祥。

[1] 李锦让《先生归道山 留下故园情——林风眠亲撰〈林序〉〈事略〉两文考释》，《梅州日报》2020年11月19日。

“德安和”三字，更是让笔者眼睛一亮。1939 年 3 月 10 日，林风眠特函戴季陶，申请复职。信中就曾提示:“回示请寄香港文咸东街二十四号德安和号转。”“德安和”就是林楚谦合伙的公司，其中股东林翊球也有故事。抗战期间叶剑英在香港开展活动，他从财力物力上尽力支持，因此林翊球与叶帅建立了真挚的友情，成了叶帅家中的座上客。一份佚文，打捞上了林风眠与林宝初一家三代人的深情厚谊；破碎支离的史料，拼接成了林风眠与乡人在香港的亲密接触、荣辱与共的画卷。

祭文结尾:“遭逢倭祸，旅寓香港，不获亲临致奠，谨临风陨涕而纪其事略。愚侄孙林风眠纪于香江旅次。”不但表达了林风眠的感恩，也确定了他 1939 年 7 月仍在香港，可以说这次在香港长达近半年之久。以画为志，在冷酷的仕途面前，故乡亲人的关爱与抚慰成了最为温馨的精神家园。

林风眠 19 岁告别梅县之后，没有衣锦还乡，与老家的疏离留下了不少遗憾。其实史料证明，林风眠一生是远离故土携手乡人，各个不同时期身边总是乡贤才俊不断：林文铮、李金发、李树化、熊锐、刘既漂、李超士、林楚谦、杨士达、余森文等等。1977 年，也就是近 40 年之后，林风眠再次踏上香港土地时，迎接他的还是梅县的宗亲堂弟林汝祥。正如香港哥连臣火葬场“慎终堂”中碑石镌刻:“梅县林公风眠之灵龛。”随着林风眠纪念馆在故乡阁公岭的落成，更是昭示人们，不管林风眠走得多高多远，始终是梅县的儿子！

（原刊《南方日报》2022 年 11 月 15 日，原题为《山水映于画卷中　一笔一画皆是意》）

美的遭遇

1961 年 10 月 6 日出版的《美术》杂志发表了米谷的《我爱林风眠的画》，还附有二页彩版的三幅作品，分别为《猫头鹰》《鸡》与《秋鹜》。这在当时来讲是对林风眠推崇备至的礼遇。在饥饿的年代，林风眠却遇上了“小阳春”。其实并不仅有林风眠，只要读一下这一期杂志的目录。其中美术界三位大佬王朝闻、蔡若虹和华君武的文章标题就可一目了然:《美化生活——关于工艺美术的创作问题》《关于美术教学中基本训练课程的改进问题》和《我怎样想和怎样画漫画》，就不难发现风向有所变化。

米谷开门见山:“这些画，各有其不同的取材与调子，但却都具有林先生的独特风格。它们像一杯杯醇香的葡萄酒，使我陶醉于美好的艺术享受与想象中。当我欣赏它们的时候，油然想起了古人所谓‘画，心画也’；‘心画形而人之邪正分焉’的说法。”发之于心，自然动情，动情才会陶醉。林风眠的画是心画，米谷是一语中的，抓住了林风眠的画魂。

由于“反右”的阴影未散，对评论林风眠的画，人们还是心有余悸。据

▲1979 年，上海人民美术出版社，《林风眠画集》书影

▲林风眠赠米谷的《鸡冠花》

李朝霞采访调查，“最后《美术》杂志要丁永道编辑找人来写，丁找了米谷（米谷很欣赏林风眠的画），米谷也不肯写，丁永道编辑反复劝说，说明是美协领导要对林风眠表示敬意，米谷才答应写”。[1] 应命之后，米谷畅所欲言，写出了这篇 20 世纪 60 年代立场最为鲜明，表达最为欢快，影响最为广泛的林风眠艺术评论。从林风眠赠米谷的《鸡冠花》，如此热烈如火，也流露出林

[1] 李朝霞《新中国的美术观及其话语实践——以〈美术〉（1950—1966）为中心》，吉林美术出版社 2013 年版，第 186 页。

风眠的感恩之情。正因为这种惺惺相惜，落下了以后遭受批判的祸根。

1962 年，林风眠的创作达到了一个新高峰，先在上海举办了“林风眠个展”，然后送展北京与香港。上海美协领导沈柔坚还协同上海人民美术出版社筹备出版林风眠画集，并亲自撰写了序言。但风云突变，上海人民美术出版社出版的林风眠画集，虽然出了，但抹掉了沈柔坚的序言，封面将林风眠的仕女画改成黑白线描，粗陋不堪。没有扉页，没有题目，没有页眉，只有光秃秃的 30 幅画页，封底印着“内售人民币三元”，也成了画册出版的今古奇观。

以前曾有传闻，王朝闻指使华夏（化名石崇明）抛出一篇假批判、真包庇的文章《为什么陶醉?——对〈我爱林风眠的画〉一文的意见》，蔡若虹亲自写编者按，定导向。而李朝霞的披露更令人惊愕:“这篇文章的出台真实情况是:由于政治气候的变化，《美术》杂志要跟随风向，批评林风眠，米谷因赞扬了林风眠，自然在批判之列，但批米谷的文章始终约不到，最后由蔡若虹化名‘石崇明’完成。”[1] 一位边缘化的画家的远离宏大政治题材的趣味小品，惊动了美协大人物们，居然还亲自策划和亲自操刀。《美术》1964 年第 4 期（双月刊）出版于 8 月 25 日。先读一读编辑部的按语:“本刊 1961 年第五期发表的《我爱林风眠的画》一文是有错误的。这篇文章的发表，我们有责任。文章发表后，曾经引起读者的不满和指责，我们没有及时组织讨论，也是不对的。现在将石崇明同志的来稿先在本刊发表，我们认为这篇文章的基本看法是正确的。如果有不同的意见，可以展开讨论。”连傻子都明白，这哪是编者按语，俨然是定性的红头文件。并且与正文演的是双簧。“可以展开

[1] 李朝霞《新中国的美术观及其话语实践——以〈美术〉（1950—1966）为中心》，第 187 页。

讨论”，已是十几年之后了。

蔡若虹是老牌的美评家，是手下留情，或是用心计谋，文章措辞彬彬有礼，批评也和风细雨，有时甚或不偏不倚的大度，但山雨欲来的势头已显而易见。欲盖弥彰的技法当然逃不过敏感的林风眠睿眼，何况后来状况更为恶劣，又是抄家，又是入狱，迫使林风眠一走了之。

80 年代末期，林风眠已经居住香港，但毕竟已是旗帜式的人物，同他接触过的人，都争先提笔写回忆，王朝闻与蔡若虹也不例外。

王朝闻有点避重就轻，但还能自省:“我任主编的《美术》杂志上，曾发表过米谷的评论《我爱林风眠的画》。而在一九六四年《美术》第四期上却出现了《为什么陶醉?》一文批判米谷的评论。尽管我当时处在‘泥菩萨过江’的处境，现在回忆林先生所受不公正的批评，我这个当过主编的学生对师长仍有负疚之情。”[1]

其中的另一段文字，却令人失望:“六十年代初在北京举办过林风眠画展……当时正是所谓重大题材的唯题材论甚为流行的时期。作者自己也不争取某种有力的支持，因而画展未能形成广泛地认识他的艺术个性的社会影响。”[2]

作为美协的头脑，掌控着支持的权力，老画家哪有上京回旋的余地?又怎能去争取?不是站着说话不腰痛。王朝闻是资深的美评家，对林风眠艺术成就是认可与赞赏的。1985 年赴香港时曾访林风眠，林风眠赠其作品复制件。王朝闻也较早以《论林风眠》为题发表在台湾，林风眠可能也已读到。

---

[1] 王朝闻《论林风眠》，刘斯奋、刘斯翰主编，黄统荣分册主编《今文选》（艺谭卷），中国言实出版社 2015 年版，第 259—260 页。

[2] 王朝闻《论林风眠》，第 255 页。

我爱林風眠的画

米 谷

在不久前举行的"上海花鳥画展"上，我們有机会看到了林風眠先生四幅新作；现在，在我的桌子上又放着他的一本画集*。画集中的一部分，我曾在不同的場合看到过原作；在我的小小画箱里，还有他前几年送給我的几幅小品。这些画，各有其不同的取材与調子，但却都具有林先生的独特風格。它們像一杯杯醇香的葡萄酒，使我陶醉于美好的艺术享受与想象中。当我欣賞它們的时候，油然想起了古人所謂"画，心画也"；"心画形而人之邪正分焉"的說法。現在，人們不是也常常說：見画如見其人，在不同的風格上可以洞窺画家們不同的个性么？假使把这些說法与林先生的画联系起来看，那就更使人覺得倍增趣味了。

林風眠先生是我国老一辈的著名画家之一，年紀已經六十开外了。可是，在他的作品中，始終流露着爽朗、乐观、多情和青春的气氛。他对描繪的对象——那怕是一草一木——都充溢着无限的感情。在他的画風里，既无孤高絕俗之气，又无獻媚造作之态，而是那样地朴素与平易，把欣賞者帶进一个愉快、鮮明、优美和深邃的詩情境界里。

林風眠先生原是一位油画能手，但对民族绘画是很重視与爱好的。早年，他就认为东方与西方的绘画各有长短，应該相互沟通。他认为風景画适合抒情的表現，而中国艺术之所长，适在抒情。但也不满足于中国繪画的表现方法，想适当吸收西法。因此，在解放前的二十多年中，他就以油画实践的經驗来丰富自己繪画的表現能力方面进行了多方面的探索。解放后，他又改变了早年抱定的"埋首画室、奋其全力"的作法，与其他老画家們一起經常参加旅行写生，面对祖国

这幅速写多末够回味。白石老人在旅途中看到水流击石的迴旋之势，就把它画下，看到几个鷺鷥站在湖中石上，就把它画下。我看，所以必須画下流水、鷺鷥，还不仅是取其意境的美，这意境，已經在胸中有了很深刻的印像，大概可以默写出来。白石老人之所以要立即画下，是因为那迴旋的水流有它的美的旋律，而散落在石上的鷺鷥又配搭得那末有韻致，眞是天然妙成，如入画图。遇到这种景象，不趁印象犹新的时刻立即把它画下来，就很难再抓住它的形式規律。所以，不但要用心发掘生活中的美，而且更重要的是把它画下来。只有画下来，才能从形式上解决你所发掘到的美。

美的感覚能力——慧眼，是长期的造型实践中訓练出来的，为了培养和保持画家耳明目聪、眼到手到、游刃有余，为了加深艺术素养，技术精进，速写是一門重要的日常功課。

* 《林風眠》，人民美术出版社出版。本文所提多数作品均見此画集。

—50—

▲ 米谷的《我爱林风眠的画》

为什么陶醉？

——对《我爱林风眠的画》一文的意见

石崇明

本刊1961年第五期发表的《我爱林风眠的画》一文是有错误的。这篇文章的发表，我们有责任。文章发表后，曾经引起读者的不满和指责，我们没有及时组织讨论，也是不对的。现在将石崇明同志的来稿先在本刊发表，我们认为这篇文章的基本看法是正确的。如果有不同的意见，可以展开讨论。

编辑部

近日翻閱《美术》双月刊，在1961年第五期上讀到一篇米谷同志的文章《我爱林風眠的画》。讀后覚得有些問題非談談不可。

米谷同志在文章一开始就这样說："它們（指几幅林風眠先生的画）像一杯杯醇香的葡萄酒，使我陶醉于美好的艺术享受与想象中。"这些像酒一样的使米谷同志陶醉的作品是些什么作品breaking，我們且看看他自己的介紹：

一幅是《夜》，他說："难道林先生的《夜》还不足使人陶醉么？你看：一片迷蒙的暮色籠罩着小河的两岸，透明而平靜的河水反映出最后一綫光輝，几只忘归的野鴨，匆匆掠过芦梢，飞向无尽的他方。"并說这一切都由于画家的經心安排和描繪，才"使景物若隐若現，构成了如此撩人的詩情暮景"。另一幅是和《夜》相似的《秋鶩》，他认为这两幅画"各有其不同的情趣"。而这幅的情趣，就在于它"显現了一派秋气蕭索的景象"。还有一幅是《野泊》，他說："……江上，雨雾弥漫，山水莫辨。三四渔家在暮色来臨之前，閑泊于蜂环水抱之間，使宁靜的世界倍添生趣"（重点为引者所加）。

林風眠先生的这几幅画，大体上正如米谷同志所介紹的那样。但是米谷同志为什么特别喜欢这样的作品呢？这些作品里包含着一些什么样的情調呢？

不能认为凡是欣賞"一片迷蒙"的"若隐若現"的暮色就不好，問題是米谷同志所欣賞的暮色，是籠罩在"反映出最后一綫光輝"和"几只忘归的野鴨"将要"飞向无尽的他方"的暮色。你看，河面上只能看到"最后一綫光輝"，黑夜快要来臨，可是就在这个时候还有几只野鴨"飞向无尽的他方"，这不就

—41—

▲ 发表于 1964 年《美术》第 4 期《为什么陶醉？》

蔡若虹 1988 年 6 月 14 日于南沙沟写了《记忆中的林风眠》。他不是林风眠的学生，但与林风眠还是走得比较近的。50 年代就和林风眠见过几次面，还曾去过林风眠南昌路寓所看画。对林风眠的画也有自己的解读：他的作品有一种与众不同的艺术魅力，那就是十分浓厚的令人怦然心动的感情色彩。

的确，欣赏林风眠的作品，就如同听多年的老友在久别重逢之后的娓娓清谈，这里没有什么复杂的情节，而只是单纯地诉说他的欢乐，他的哀愁，他的孤寂与惆怅，他的憧憬和期望，甚或他的忍无可忍的愤怒……

他始终如一地带着感情地面向生活，带着感情地面对观众；一瓶花，几只小鸟，一片凄清的秋色，也会像重大题材一样将活泼的生气带给观众，给观众的心灵一些慰藉、一些净化和一些安抚；这就是以抒情为主调的造型艺

术的不可埋没的功能。

特别令人心酸的是，行文与《为什么陶醉?——对〈我爱林风眠的画〉一文的意见》惊人地相似，如出一辙，只是换了腔调。对于过往没有一句反省，当然也没有透露丁点《为什么陶醉?——对〈我爱林风眠的画〉一文的意见》背后的隐情。这个秘密蔡若虹是一心要想烂在肚子里，只是知情人好几位，纸还是包不着火。至于社会上曾传闻的：化名“石崇明”，是“实际崇拜林风眠”的谐音缩写。批林，但事先与林打过招呼。“文化大革命”中此事也成了林的罪状。但目前披露的事实却是，非但当时亲历的编辑部主任华夏没有以此为《美术》杂志正名，而且蔡若虹本人也没有出来澄清，轻易抛弃了救赎的佐证。在严峻的政治形势下，敢于顶风作浪的毕竟极少，可能性较大的或许是事过境迁，人们一种善意的猜测。

从米谷的《我爱林风眠的画》到石崇明的《为什么陶醉?——对〈我爱林风眠的画〉一文的意见》，再读王朝闻和蔡若虹的回顾，似乎贯穿着一条爱美路上的尴尬。美的这般遭遇，是美的红线游移不定，还是美的本性使然?

读林风眠印谱

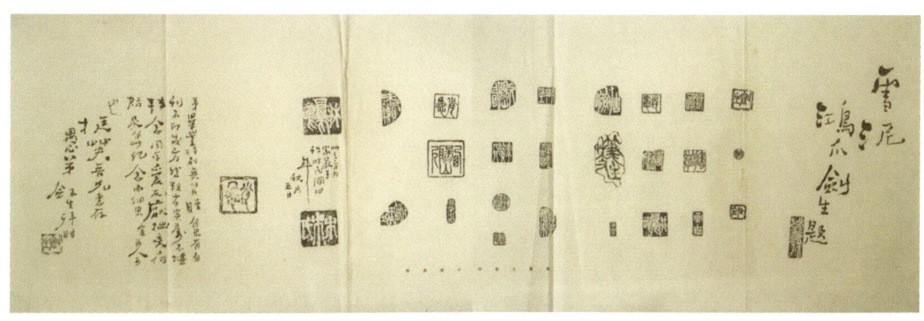

印谱释文如下：

雪泥鸿爪剑生题　□实□华

剑生　肖愚　剑生　凤鸣　书剑馆　画痴　西阳山人　肖愚　林凤鸣　书剑馆　笔生花　笔生花　糊涂　笔墨兮一生缘　信手拈来　素位而行　梧林居士　凤鸣　肖愚

西阳山人　愚不可及　一味懒　人福容天地

此三方为家严手刊，时民国四年秋月五日。林凤鸣　林氏　肖愚弟毕业将别，无以为赠。自思有自刊名印几方，然粗劣实属不堪，转念同学爱友，厌拙竟何妨？足下留此纪念，而细思余为人可也。挺英吾兄惠存，愚弟剑生拜赠。（剑生）

▲林风眠早期作品《花卉》

林风眠的这幅印谱，原来刊于 1929 年李金发主编的《美育杂志》第 3 期上，并在印谱上注明："林风眠十年前之图章。"确定是林风眠在梅县中学时期的遗物。

这是林风眠非常难得的年轮痕迹，或许是最早的墨迹与印章，从中可以读出林风眠的少年志趣所向、理想情怀与执着精神。虽然青涩犹在，但生气勃勃，大有客家农家子弟的高远心志与坚韧奋发。

林风眠对母亲有着特别深厚的感情，不但为其画了不少画，也留下刻骨铭心的文字。至于父亲，除了祖屋门楣上所书"敦裕居"三个大字外，还找不到其余留痕。但在印谱中，意外收获了林风眠父亲林雨农刻的三方印。林风眠毕恭毕敬注明："此三方为家严手刊，时民国四年秋月五日。"根据时间记载，为一日之内，一气呵成为儿子刻的。在自己赠送师友的印谱中，将父亲的印章置于其中，自然是一种感恩与孝敬。尽管父亲不是什么篆刻大家，但父子之情在，金石长寿，天长地久。这也是这幅印谱的特别之处。三方印为：林凤鸣、林氏与肖愚。印谱中林风眠自刊的"肖愚"印章就有两方，"肖愚"可能是父亲为林凤鸣取的小名或是谦称。从父亲刻的三方印章中，林风眠的篆刻启蒙家学渊源，可见一斑。

林风眠偏爱郑板桥字体的洒脱，摹仿挥毫，笔性神韵，行云流水，不偏不倚。行文落款，彬彬有礼。无须点评朱白刀法，"剑生""书剑馆""画痴""笔生花""笔墨兮一生缘""信手拈来""素位而行"，是理想，是追求，也是座右铭。号为"剑生"，显然是种家国情怀；"书剑馆"，读书报国；落到实处，就是酷爱绘画，"笔墨兮一生缘"。方方印章像是铺向未来的基石，成了林风眠生命的图腾，在印谱中都可以一一得到解读。

林勇军先生提供的林风眠早期的《花卉》，由于不是十分清晰，难以鉴定。凭笔者直觉，真迹的可能性是存在的。不妨探讨一下：款为"为屏良友大雅正西阳山人林凤鸣笔"。虽与印谱字体不同，但笔致相近；自号西阳山

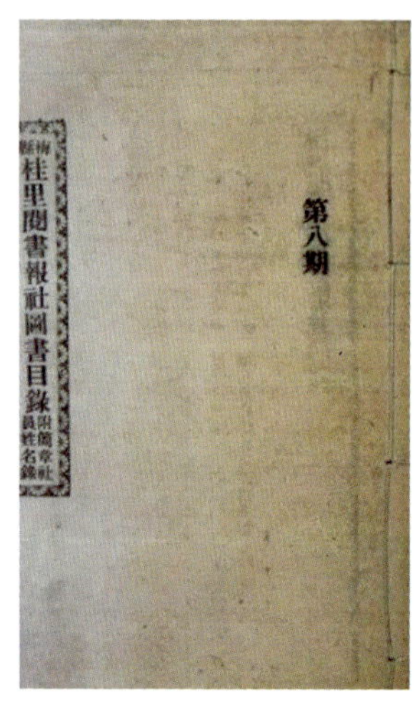

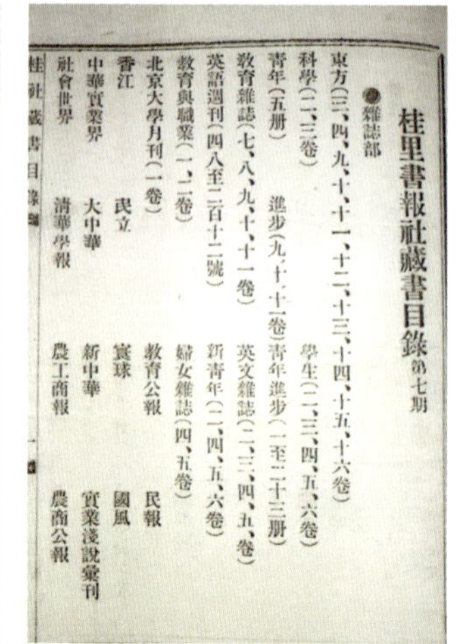

桂里書報社藏書目錄第七期

●雜誌部

東方（三、四、九、十、十一、十二、十三、十四、十五、十六卷）
科學（一、二、三卷） 學生（一、二、三、四、五、六卷）
青年（五冊） 進步（九、十、十一卷）青年進步（一至二十三冊）
教育雜誌（七、八、九、十、十一卷） 英文雜誌（一、二、三、四、五、卷）
英語週刊（四八至二百十二號） 新青年（一、二、四、五、六卷）
教育與職業（一、二卷） 婦女雜誌（四、五卷）
北京大學月刊（一卷） 教育公報 民報
香江 民立 寰球 國風
中華實業界 大中華 新中華 實業淺說彙刊
社會世界 清華學報 農工商報 農商公報

桂社藏書目錄 一

▲《桂里书报社藏书目录》书影

人，应该无疑，印章就有多方；其中钤印会否是印谱中的“书剑馆”？但愿相互是一佐证。林风眠早年墨迹极少，难有参照，片纸只字，都是珍宝。屏良何人，同学或是乡邻？希望还在梅州。

行文至此，搁笔数年，原因是“挺英”为何人，一直无法认定。

李金发，自藏的赠品刊于自编的杂志，所以没有注明出处也有道理。但据李金发在《林风眠与我》中回忆：“他在梅县中学读书，因为图画画得比同学好些——不过是摹仿高奇峰式花鸟山水之类——我已久耳大名，我还是读高等小学，还没有资格跟他高攀。”[1] 李金发与林风眠二人都是梅县人，都生

[1] 李金发《林风眠与我》，第336页。

于 1900 年 11 月，日子仅相差一天，李金发是 21 日，林风眠是 22 日。李金发读书较晚，1917 年初才从梅县高等小学肄业，后往香港皇仁书院读书，所以林风眠在梅州中学与李金发不可能是同学。而梅县高等小学并入梅州中学，那是后话。挺英不可能是李金发，可以断定。

最近随着林勇军先生的梅州林文铮故居发现，引来刘奕宏先生述评，文字严谨，考证缜密。其中对《梅县桂里阅书报社书目》作了解读："1918 年的名录里记录的梅州中学学生，除了林风眠（林凤鸣）、林文铮（林铎云）、黄访（黄药眠）外，至少还有李金发的堂侄李挺英（比李金发大三岁左右）。"再据刘先生证实，"挺英应比风眠低一两届，因 1919 年仍在书报社"。

如此，真相大白，李挺英是林风眠的同校挚友。至于又是李金发的堂侄，作为李金发久闻林风眠大名的媒介自然可能，最终为他们留学时的密切交集作了铺垫，那已是法国的故事。

这幅充满乡土气息的印谱，诞生梅县，情系四方。印谱一般会有多幅，毕业期间，分赠师友，雅趣横生。原件何在?在李挺英后人家中，还是早已易手李金发而漂洋过海?其余若干幅印谱，散落乡间，是否有望再期出现?这也成了地方史学者的新课题。

不管怎样，应该感谢李金发为林风眠的印谱留下影印，一旦林风眠纪念馆落成，可以扩印装裱悬壁展厅，让人瞻仰。这里有着林风眠父子的手泽，少年同学的友情，书香印痕，日月同光。

不揣浅陋，数语拙见，不知当否，还请知情的梅州父老乡亲认可。

（原刊《南方日报》2020 年 4 月 15 日）

漫话沈从文评语

沈从文在《谈写字》里对林风眠有一段谈论：

画家喜欢写美术字，这种字给人视觉上的痛苦，是大家都知道的。又譬如林风眠先生，可说是近代中国画家态度诚实用力勤苦的一个模范，他那有创造性的中国画，虽近于一种实验，成就尚有待于他的努力，至少他的试验，我们得承认它是一条可能的新路，不幸他还想把那点创造性转用在题画的文字上，因此一来，一幅好画也弄成不三不四了。记得他那绘画展览时，还有个批评家，特别称赞他题在画上的字，以为一部分用水冲淡，能给人一种新的印象。很显然，这种称赞是荒谬可笑的。林先生所写的字，所用的冲淡方法，都因为他对于写字并不当行。林先生若还有一个诤友，就应当劝他把那些美丽的画上的文字尽可能地去掉。

以上录自王犁著《忍不住的表达》中的《多维复合的国画教育》一文，初读，有点激动，殊不知30年代，沈从文就已是林风眠的知音；再读，内涵十分丰富，也有“忍不住的表达”冲动。感谢王犁的钩沉，牵出了一连串思考。

在这段批评的文字中，读到更多的是沈从文对林风眠高度的赞扬，而且有理有据，中肯平实。30年代，林风眠中西融合摸索起步不久，可以说还在蹒跚前行，但作为老式文人的沈从文，不但赞赏其创作态度，更高屋建瓴地肯定其“新路”方向。沈从文的慧眼识珠与审美境界，即使在过了八十年的今天，也非常令人钦佩。作为表侄的黄永玉，对林风眠的崇拜与敬重，其中会否也有表叔沈从文的熏陶与点拨？

更为可贵的是沈从文不是一味捧场，而是不留情面地指出了实验中的偏差，当头棒喝。现在看不到这幅画，但画的题字，一部分用水冲淡的模样，应该可以想象。是林风眠的率性书写，或是刻意为之，已无法考证。但以后再也没有见到类似的题字，却是事实，也可能是林风眠浅尝辄止，顿悟此路不通。林风眠作为杭州艺专校长，他是否读到过这些批评文字，反应如何，都还是个谜。可能在那时是种常态，不足为奇，不像现在，如是批评校长的言论，那还了得，编辑这一关就难过，何况还有后面一关又一关。

林风眠的实验不断，探索不止，才成就了辉煌。富于创新的画家，一般都勤于尝试，如果坦露实验的全过程，可能无法令人相信如此曲折，在柳和清的林风眠“垃圾”藏品中倒窥见了其中的奥秘。废纸三千，一些奇思妙想，付之笔墨，当初可能稚嫩，甚或丑陋不堪，又有何妨？没有反反复复、成千上万的实验，没有量变，何来质的升华。沈从文在30年代就如此尊重林风眠的实验，是最不简单的，人们总容易敬仰成功，而忽视实验的每一步。

历史现象值得借鉴，但重蹈覆辙又在所难免。林风眠的学生吴冠中在将汉字融入绘画上，走得较远，为这个实验付出了很大的代价，留下了惨痛的印痕。吴冠中晚期的汉字绘画，没听到有人说是成功的，激烈的批评纷纷扬扬，让“这种字给人视觉上的痛苦”重演了。他走这条路的时候，林风眠应该已经去世，否则可能会听到老师的指教而调整方向吧。

王犁认为，字写不好也可以画好画，以林风眠为例，这值得商榷。笔者认为：一是沈从文批评的不是字本身优劣，而是用水冲淡的表现手段；二是林风眠的字当然不能与齐白石、黄宾虹、潘天寿相提并论，但作为画家字写得差的典型，不大公平。30年代林风眠题字、签条与信札，留存不多，但仍可读出少年功夫、法度与气质，虽然不是一笔一捺都有书法出处，正如木心所说：字迹极真朴，不按中国书法碑帖的牌理，却字字有美感，苍劲姿媚自成风调，其实是一种经久淬炼的孩子气。

林风眠设计轶闻

林风眠绘画名气大，掩盖了在设计领域上的造诣与成功，但挖掘出来的史料还是发了声。两则林风眠设计轶闻，不但显示出林风眠的多才多艺，而且也足以证明林风眠设计的不同凡响。

1933 年 10 月 29 日《益世报》中《雷峰塔遗址：改建英烈墓穴，由林风眠设计》一文提到：据中央社杭州二十八日电：杭市长赵志游拟将雷峰塔遗址仿照古希腊罗马建筑改造大穴墓，专葬近代英雄烈士，已请杭州艺专校长林风眠设计图表，预计经费需二十万元，一切正计划中，有实现可能云。

如果这项庞大建筑造型设计完成，将会改变西湖的景观，与保俶塔遥相呼应的可能会是中西融合的艺术。林风眠有无出过图稿，为什么只听雷声，没了下文，还真有待进一步考证。但林风眠承担此项建筑的设计，已无可争议。

另外一桩是商标的设计，还牵动着三位先贤，白纸黑字，可查可阅。

20 世纪 40 年代，林风眠在重庆期间，居住在偏僻的南岸弹子石大佛段后街，潜心绘画创作。虽然深居简出，但与外界并没有中断联系，平时访客

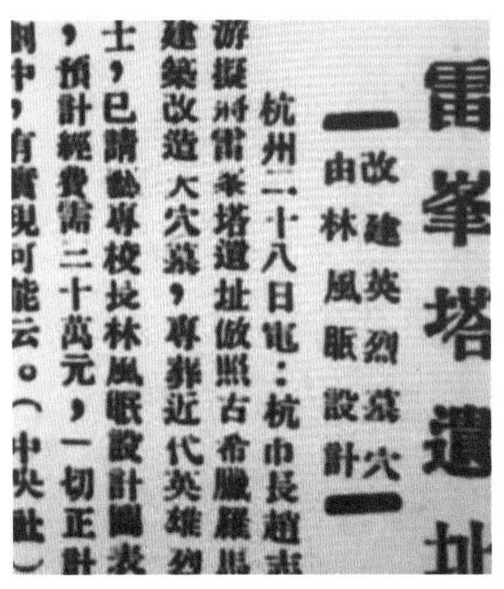
雷峯塔遺址

一改建英烈墓穴一
由林風眠設計

杭州二十八日電：杭市長趙志游擬將雷峯塔遺址做照古希臘羅馬建築改造大穴墓，專葬近代英雄烈士，已請藝專校長林風眠設計圖表，預計經費需二十萬元，一切正計劃中，有實現可能云。（中央社）

▲ 1933 年 10 月 29 日《益世报》有关林风眠设计雷峰塔遗址报道

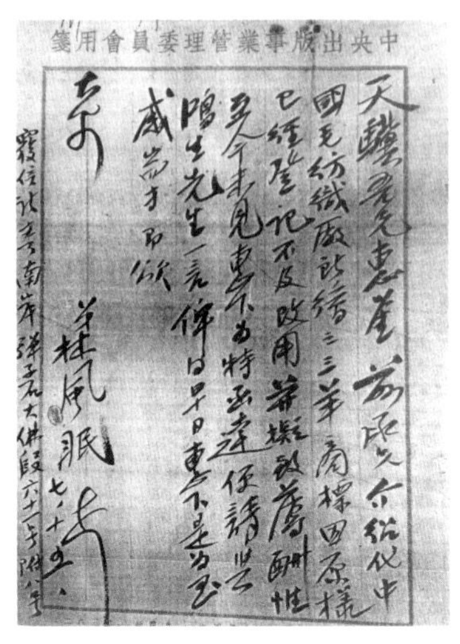
中央出版事業管理委員會用箋

弟林風眠 七.十五

▲ 林风眠致林天骥信

致林風眠先生函稿

▲ 林天骥致林风眠信

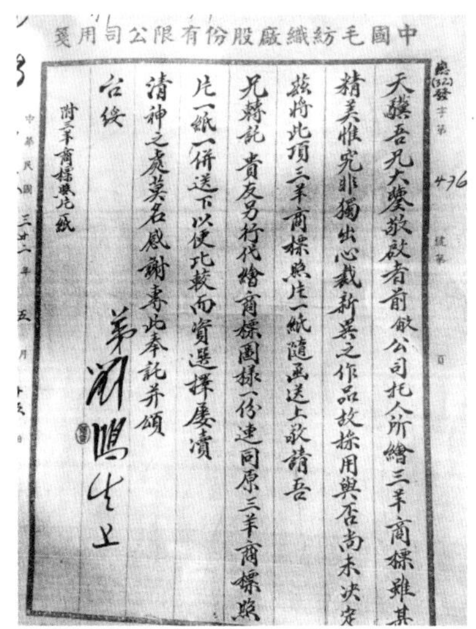
中國毛紡織廠股份有限公司用箋

天驥吾兄大鑒敬啟者前敝公司托人所繪三羊商標雖其精美惟究非獨出心裁新異之作品故採用與否尚未決定茲將此項三羊商標照片一紙隨函送上敬請吾兄轉託貴友另行代繪商標圖樣一份連同原三羊商標照片一紙一併送下以便比較而資選擇屢瀆清神之處莫名感謝專此奉託并頌

台綏

弟劉鴻生上

附三羊商標照片一紙

中華民國三十二年五月

▲ 刘鸿生致林天骥信

不少。据林风眠自己与学生李可染的回忆，当时挂职国民政府设计委员会，每月有200元的补助，老舍也有此待遇，可能类似是属于国家级人才的一批人，要保障供给。但1943年之后，设计委员会取消了，只有宣传部的一个无薪空职，财源一断，除了重返杭州艺专讲课之外，林风眠还得设法赚点外快。

战时，售画不易，与绘画接近的谋生技能也就是设计了。而设计业务从何而来呢?林风眠能行吗?现存的一封林风眠致林天骥的信，解开了这个谜。

信是在“中央出版事业管理委员会用笺”上写的:“天骥吾兄惠鉴:前承兄介绍代中国毛纺织厂所绘之三羊商标，因原样已经登记，不及改用。并拟致薄酬，惟至今未见惠下。为特函达，便请与鸿生先生一言，俾得早日惠下，是为至感。颛专，即颂大安。弟林风眠。”

这其实是一封催付设计费的讨债信。此事还得从刘鸿生与林天骥说起。刘鸿生是著名的中国火柴大王与纺织大王。他还十分重视新产品外观设计，火柴盒设计在当时特定的历史条件下就体现了民族气节，特别引人注目。火柴盒上印的“提倡国货,挽回权利”“中国人应用中国货”“振兴国货”“强民富国”“美而且廉，完全国货”“报国”等文字，充满了民族企业家的爱国热情和对外来经济侵略者的抗议。他重金1000银元聘请从美国留学归来的化学博士林天骥担任总工程师，攻克火柴防潮难题，是民族工业史上一段佳话。

林天骥与林风眠是同乡好友，在重庆时交往甚密。林风眠的邮件包裹，都是由居住在重庆城内的林天骥转交的。

抗战期间，刘鸿生在重庆还有中国毛纺织厂企业，而设计三羊商标，就是刘鸿生委托林天骥物色人选的。1943年5月15日，刘鸿生致林天骥信中申明:“前敝公司托人所绘三羊商标，虽甚精美，惟究非独出心裁新异之作品，故采用与否尚未决定。”“兄转托贵友另行代绘。”刘鸿生对商标要求可谓精益求精，并且特别强调标新立异。而林天骥选择林风眠，也恰到好处。林风眠没有辜负朋友期望，虽然设计的商标没有露面，但从后来林天骥给林风眠的信中可以判断:“兄代中国毛纺织厂所绘之三羊商标，精美绝伦，超过原作品多矣。鸿生先生爱好不置，惟刘先生事前不知原样已经登记，现已不及改用，殊为憾事。毛纺织厂以有劳吾兄清神，当致薄酬，藉申谢意。”林风眠设计的三羊商标，不知飘落何处，或许是永远尘封不见天日，所谓的“精美绝伦”，也只能留给人们想象的空间了，但林风眠在重庆南岸弹子石大佛段61号附8号陋室中设计过商标，并且获取“薄酬”(国币2000元，在林天骥的另一信中提及)，有信为据，却是千真万确的历史事实，也是林风眠漫长绘画生涯中客串设计的趣闻，从中对林风眠重庆时期的生存状态，谋生取向，待人接物，个性作风的研究，或许都会有所启迪。

谁也无法想象，林风眠与刘鸿生现在居然还做了邻居，彼此都安息在上海青浦福寿园文化名人园，近在咫尺。夜深人静，若有相晤，言及三羊商标设计，想会唏嘘不已。

林风眠与鲁迅一样,极为重视经济自主,已经走出“耻于言钱”的道德尴尬。林风眠一直认为，画家卖画是天经地义的。学生金碧芬(金东方)第一次出售画，也是在林风眠“怂恿”下进行的。金东方的《四幅油画肖像》记录了此事:“第一幅，我在上海美术馆工作，二位女同事发现一个可以入画的女孩子，约了星期天来，问我要画么?我说要。”“我没有她们冷静，我大胆、冲动、敏锐，色彩差不多是平涂的，用画刀铲了颜料往上刮，寥寥数笔线条斩钉截铁。半小时画完了，二位同事看得目瞪口呆。她们还在慢慢画，我清理调色板和画笔，带上油画，骑上自行车，像往常一样每画完就去找林风眠先生或关良先生指导。那天关先生不在家，我去了林先生家，他有客人，是欧洲来的犹太商人，向林先生买画的。犹太人一见我的画眼睛就发亮，磨了半天一定要买。我哪里肯卖?一来工资之外我不需要钱，二来讲钱太俗气;艺术家嘛，清高着呢。但是林先生在旁一直怂恿:‘卖嘛，卖嘛，卖了算了。’我不便再坚持，多少钱随他给吧。他付了四十元。那时林先生的画有定价，面积大一倍，定价每幅一百元。”[1]

林风眠一生没有放下手中的画笔，卖画也没停过。画展出售，个别交易，交叉进行，绵绵不断，报刊上有报道记载。特别是有了这么一条习以为常的生活出路，无须为五斗米折腰，独立人格已非文人清谈，而是实在的胆魄与底气。

（原刊《南方日报》2021 年 11 月 15 日）

[1] 金东方《写意空间》，香港明窗出版社 2001 年版，第 63 页。

短笺意味

尘生：

我十六日我晚到了北京，第二天到颐和园去，二十年以后的北京，初到时真认不出来了，看见了九十三岁的齐白石先生，他还很清楚记得二十多年前的事，当面画了一张画给我。中秋在北海公园看月亮，昨天重看见你出生时的医院，一切都在变，我想到你时，感到你的生活太紧张，我愿你多休息，多看古代我们民族的遗产的东西。

祝你好！爸妈好。

风眠　九月[1]

据李丹妮（尘生）的媳妇欧阳鹭英告诉笔者，这是一封写在贺卡上的短

[1] 林风眠《林风眠长短录》，第 231 页。

信。不到两百字的短信，信息量却不少，从中可以读出 50 年代初林风眠的心境与觉悟。林风眠离开杭州中央美术学院华东分院避居上海之后，参加华东美术工作者协会。可能是考虑到其历史地位，受邀赴北京出席全国第二届文学艺术工作者代表大会，并且正在国庆前夕。原信时间是 9 月 26 日，但《林风眠长短录》上，仅只写 9 月，没有注明日子，可能是模糊难辨。又是中秋，又是国庆，又是文代会，又是贺卡，但字里行间却没有躬逢其盛的兴奋，只字未提大会与国庆，似乎胸有成竹地游离于会议精神之外，自寻其所。上北京，好像全是怀古叙旧。去颐和园、北海公园和丹妮出生的医院（同是女儿蒂娜出生的医院），其中一项重要的活动，就是拜访白石老人。白石老人见了这位已经从校长位上下来流落上海滩的老朋友，“他还很清楚记得二十多年前的事”——林风眠就任北平艺专校长时，三顾茅庐，聘请齐白石来校教授国画。情义依然，当场作画相赠，虽然画面简约点，但“老弟教”三字，不失敬重之意。毕竟是 93 岁的老人了，也算给足了林风眠面子。至于在北京时“初到时真认不出来了”与“一切都在变”，并没有欢呼雀跃，而是笔锋一转，“我想到你时，感到你的生活太紧张，我愿你多休息，多看古代我们民族的遗产的东西”。有点与形势格格不入的情绪。这封短信，好像很不合时宜，但却可以读出林风眠敏锐的政治嗅觉与高度的文化远见。“多看古代我们民族的遗产的东西”，对“认不出来了”与“一切都在变”，显然是一种质疑，与梁思诚的保护北京古城是如出一辙。在这点上，林风眠的确有我行我素，决不媚俗逢迎的傲骨。在这类家常性的书信中，最为朴素的文字，却包含着深邃的哲思，这就是林风眠的做派与功底。形成这种思想，固然有其历史积淀，但更与近几年的遭遇息息相关。

潘其鎏、金碧芬、陈积厚与裘伯浒（裘沙）等学生，都是这段历史的见证人，对先生的坎坷遭遇了解最深。特别是裘沙，作为无意之中伤害林风眠先生负疚沉重的学生，笔者不但读过他的忏悔回忆，而且还当面聆听了他的肺腑叙述。

先听林风眠的1971年6月25日《狱中陈述》:“1951年，我离开杭州到上海，因为身体不好，要求到上海去休养，学校同意我去。”“身体不好”，自然是托词，不够深刻，又有了1971年8月13日的“陈述”，涉及思想:“结果领导这样搞，感到前途失望，自己就熟悉水墨画，为了逃避，就离开杭州到上海来了。”直至1988年，林风眠才向浙江美术学院院长肖峰和盘托出:“说实话，当时我担心批判我，因为我的画那时叫‘新派画’，属于该批判的资产阶级之列。我想与其挨批判，还不如早离开。”[1]

林风眠心知肚明，这是政治，叙述的平和并不说明现实的平安。裘沙2005年4月18日致同学金明玉的信，披露了整个事件的来龙去脉：在裘沙作汇报土改收获典型发言中，在老师的教唆之下，林风眠搞的新派画被提升为反动的资产阶级艺术，而又名之为帮助林风眠与一起搞新派画的同学提高认识。此发言稿还在校刊上套红推出，显然是发出了批判的信号。裘沙还写道：第二天陈积厚看到我一言不发，立即走开。潘其鎏掉头向地上狠狠地吐一口唾沫，喊一声“呸”！真有点像是“文化大革命”的预演。根据当时的形势，裘沙也认为，林风眠及早离校，是较好的选择，而他自己也选择了离校北上。为此付出惨痛代价的是：他给新派画定性，竟使自己与恩师关系中断。

根据苏天赐的回忆，学校的情况更加严峻:“在1950年那一年，从批判我和吴大羽开始，解聘了吴大羽，接着送我去政治研究院，随后是逮捕丁天缺和另一名学生，几个教师轮番做裘沙的工作，施加压力，使他上台控诉林风眠对他艺术思想的毒害。”[2]

---

[1] 郑重《林风眠传》，第154—155页。

[2] 朱朴编《林风眠全集》第5册，第182页。

▲ 林风眠于 1953 年北京留影

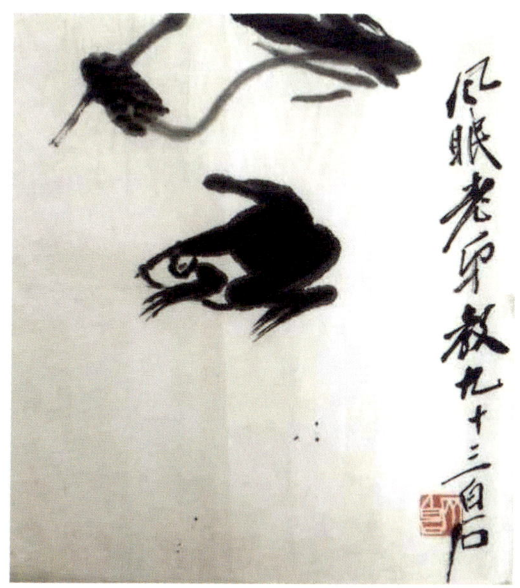

▲ 齐白石赠林风眠画

▲ 1950 年，林风眠 50 岁生日与学生们在一起

▲ 徐宗帅在北京拜访裘沙

为林风眠离杭赴沪，最后辞职自己亲手创建的杭州艺专，还有不同的声音。有人为主政者开脱，认为并没有这么严厉，是林风眠胆小怕事。而沈培（原名沈培金）的反思，揭穿了这种谎言：

五〇年尾五一年初，镇反运动。老师丁天缺、同学严良被公安局抓去，美院校方借此敲山震虎，整肃“新派画小集团”。

大会，江丰疾言厉色地说：“什么新派画，狗屁！新派画小集团一批人，在林风眠家里吃鸡。沈培金，鸡肉吃不着，啃鸡骨头。”

此冤，五十六年矣。本人在此声明：从未去林先生家，从未与林先生言谈。画不好，跳舞又勿会，林先生不爱我。

张怀江有眼，没培养我典型发言。

我贪生怕死，出卖了潘其鎏，使他受苦。

我是犹大。无人啐我，也是。

遗恨终生。[1]

关于“吃鸡”，劳诚烈曾亲聆周昌谷这样回忆：林先生离杭赴沪时，十分孤寂，他与马玉如前往帮助打理行李送行，还将剩下的一只鸡杀掉一起吃了。真是冤死沈培金了。正直坦荡的人忏悔，应该忏悔的人却没有吱声，而选择的只是粉饰与遗忘。

对林风眠过早的打压，使林风眠成为知识分子中的先知先觉者，这是因祸得福。在画家中，很少有人像他那样主动地寻找体制之外求生存，为自己换取个人的生养空间，虽然不能获取完全的自由，但至少比体制内的画家有

[1] 沈培《孤山一片云》，天地出版社 2014 年版，第 43 页。

更多的选择余地，可以摸索走自己的路。

在1953年的北京文代会上，袭沙先生遇见了恩师林风眠，但留下是十分尴尬的一面。袭沙在《深沉的大海》中有这样的描写："几年以后，我在一次全国文艺界端正文艺思想的大会上见到了林先生，已经不是我所熟知的那乐观而安祥的林先生了。我立即从他沉默而冷峻的外貌中感到他内心的寂寞和孤独，这更增加了我内心的负疚和痛苦，上前去打了个招呼。"[1]这也可以说是林风眠寄李丹妮贺卡的言外之音，一个十分客观的注脚。

几十年过去了，谈起这些刻骨铭心的往事，袭沙先生更加怀念与老师林风眠在一起的日子，还向笔者叨念着林风眠五十大寿时，自己前往庆贺合影的痛失。当笔者从潘其鎏留存的遗物中发现了两帧袭沙与同学们拥簇着林风眠的照片，扩印放大快递北京，袭沙先生收到后来电话，他的真诚与激动令笔者动容。

"9月23日，（徐悲鸿）全天出席全国文艺工作第二次代表大会，并担任执行主席。"[2]这时林风眠正坐在台下。26日晨，徐悲鸿先生病逝于北京医院，而林风眠这张卡片正写于这一天。徐悲鸿曾在1950年的《光明日报》国庆节特刊上发表《一年来的感想》，其中写道："解放以来，美术事业的蓬勃兴起，在我国美术史开创了一个新纪元，以前流行的形式主义和我国原有的陈腐恶劣的末流文人画，在新的文艺政策和方针下都销声匿迹，不打自倒。这是我和一部分搞美术的朋友们与之斗争了将近三十年，不能得到的效果。尤其使我感到兴奋的是当年推行形式主义的大本营——国立杭州艺专，现改为中央美术学院杭州分院。一年以来，经过彻底改革，树立了正确的教

---

[1] 郑朝、金尚义编著《林风眠论》，第122页。

[2] 王震编著《徐悲鸿年谱长编》，上海画报出版社2006年版，第350页。

学方针……”[1]再也不是什么学术之争，萝卜青菜各有所爱，已从学术、思想，一直到了政治，步步在提升。这或许才是林风眠避居上海的大背景。林风眠是明白人，只有这样才会找到生息的空间，若干年后回顾，更觉得林风眠睿智超人。

50年代初期，没有单位等于失去了经济来源，是十分麻烦的，林风眠自然也遇上相同的困扰。据潘其鎏讲，手头拮据时，他就曾帮老师变卖画册与唱片，添补家用。但更大的抗灾能力，还是林风眠夫妇没有旧文人的迂腐，卖画与代人装帧书籍成了生存的经济支撑，为自己换取了自由空间。画作销售情况时好时坏，但还是能以为继，以画养画，成了林风眠比其他画家多条活路的边缘化人。可以生存，又可以排除干扰，“为艺术战”的理想再也不是空中楼阁，而成了实实在在的每天日常，赢得了十五年的黄金艺术生涯，成就了中西融合创作的累累硕果。

（原刊《梅州日报》2023年8月10日，原题为《深况复味短笺情长——从林风眠的一则短信谈起》）

[1] 王震编《徐悲鸿论文集》，上海画报出版社2005年版，第157页。

编后记

我在脑海里为这篇《编后记》想象了好几种开头，都难以下笔。本来，由作者徐宗帅先生来写才最合适，但他不幸于2024年4月19日离开人世，未及见到本书正式出版，令人深感遗憾。虽然，徐先生托我们编这几本书时，他已知道自己时日无多，我们也晓得他病情凶险，可出人意料的是徐先生交办编书之事后不足二月，他就走了。犹记得那天在病房，徐先生说的第一句话："想不到我们再见面，会在这样的场合。"怎不心痛。

2003年前后，徐宗帅先生决定将研究林风眠作为余生事业。二十多年来，他千万里追寻林风眠的足迹，促成生活在巴西的林风眠外孙杰拉德来华访问，编写《林风眠年谱长编》，在《澎湃新闻·艺术评论》《文汇报》《中国美术》等媒体发表了一系列研究文章，公开他的最新发现，为重塑林风眠形象不懈努力。他一直在呼吁："一、择址修建林风眠之墓，让林风眠入土为安。二、尊重历史，全面地认识林风眠各个时期画作的特点和艺术价值，放下偏见，纠正误区，还林风眠精神的真实面貌。三、建立林风眠学术交流网站，广邀国内外的林风眠专家和爱好者在网上自由畅谈，解剖分析真假林风眠绘画的特征，让更多的人走近真实的林风眠，使假画无孔可钻。四、出版新的《林风眠全集》，要广征民间藏画，挖掘散落湮埋在沙砾中的珍品，使全集真正地集林风眠精髓之大成。”

徐宗帅先生兢兢业业，研究卓有成效，建立了一个林风眠研究文献库。前几年，他与广东林风眠研究者林勇军达成合作，加快编写《林风眠年谱长编》。目前这本一百八十余万言的大书已进入出版最后流程，即由岭南美术出版社面市。徐先生在弥留之际还委托孙金辉老师以及沈迦、孙孺与我一起将《年谱长编》之外的资料编辑成书。经过收集与整理，我们将他这二十多年来有关林风眠研究的日记、往来书札、访谈资料编印成《随风录：林风眠研究日记》《来风录：林风眠研究通信》《风语者：林风眠研究访谈》三种。再就是将他二十多篇论文、随笔，多已公开发表，个别还是草稿，大致按林风眠踪迹、交往、艺术归类成三辑，汇为《林间徐行：一位林风眠研究者的笔记》，交由浙江古籍出版社出版。

非常感谢浙江美术馆的大力支持，应金飞馆长百忙之中为本书作序，陈纬、刘颖等馆员具体经办出版事宜。由衷致敬浙江古籍出版社的专业精神，王旭斌社长拍板特事特办，姚露编辑在编印过程中付出了大量心血，特别在核对引文等方面，承担了作者应尽的责任。王犁、顾村言等同道一直关心徐宗帅先生研究成果的出版，何天健、胡文胜两兄为这几本书的装帧设计加班加点，在此一并致谢。我们四人成立了编辑小组，其中孙金辉老师作为徐宗帅先生挚友，协调各方关系，出力尤甚。沈迦兄擅于规划，为徐宗帅先生系列著作总体设计，谋划有方，这几本书的书名就出自他的手笔。孙孺兄虽远在东瀛，但熟悉林风眠资料，与徐宗帅先生合作过多篇论文，为搜寻相关图文，自始至终。现在《林间徐行：一位林风眠研究者的笔记》出版在即，我们也可算完成故人之托了。感谢徐宗帅先生及夫人庄丽青女士对我们的信任。当然，由于时间仓促，学识有限，书中肯定存有不少编校方面的问题，敬请读者批评与谅解。

“追寻林风眠的过程或许漫长，更不可能一蹴而成，但对林风眠的认识应该天天向上，这也正是不断思考林风眠存在的现实意义。”最后，我引用徐宗帅先生的一段话作结尾，大家共勉。

方韶毅

2024 年 7 月 14 日

图书在版编目（CIP）数据

林间徐行：一位林风眠研究者的笔记 / 徐宗帅著．杭州：浙江古籍出版社，2024. 9. -- ISBN 978-7-5540-3089-9

Ⅰ．K825.72

中国国家版本馆 CIP 数据核字第 2024Q5H007 号

林间徐行
一位林风眠研究者的笔记

徐宗帅 著

出版发行 浙江古籍出版社

（杭州市环城北路 177 号　电话：0571-85068292）

策　　划 王雄伟

责任编辑 姚　露

责任校对 张顺洁

责任印务 楼浩凯

封面题字 徐宗挥

封面篆刻 胡擎元

设计制作 何天健　胡文胜

印　　刷 浙江海虹彩色印务有限公司

开　　本 710mm × 1000mm　1/16

印　　张 18

字　　数 230 千字

版　　次 2024 年 9 月第 1 版

印　　次 2024 年 9 月第 1 次印刷

书　　号 ISBN 978-7-5540-3089-9

定　　价 158.00 元